Zauberhafte alte Puppen

Carol Ann Stanton
Jackie Jacobs

Zauberhafte alte Puppen

Sammeln
Restaurieren
Nachbilden

BASSERMANN

Dieses Buch ist gewidmet allen Puppenfreunden auf der ganzen Welt. Besonders herzlich bedanken wollen wir uns bei Nick Allington für sein immerwährendes Bemühen bei der Restaurierung von Puppen und dafür, daß er sein wertvolles Wissen an uns weitergegeben hat. Dank ergeht auch an Debbie Stanton, eine hervorragende Lehrerin und Assistentin, sowie an Tracie Lambert, Mavis Allington und Hetty Nassau.

Die im ersten Teil des Buches gezeigten Reproduktionen der Puppen der Jackie-Jacobs-Collection wurden von Carol Ann Stanton hergestellt. Die im zweiten Teil des Buches vorgestellten Restaurierungsarbeiten wurden von Jackie Jacobs und Nick Allington durchgeführt. Die Kostüme wurden nach Schnitten der Originalkleider gefertigt, die ebenso wie alle anderen im Buch erwähnten Materialien, Formen, Farben usw. zu beziehen sind über: M. Wanke GmbH, Robert-Bosch-Str. 6, 65549 Limburg.

Die Deutsche Bibliothek – CIP-Einheitsaufnahme

Stanton, Carol Ann:
Zauberhafte alte Puppen : sammeln, restaurieren, nachbilden /
Carol Ann Stanton ; Jackie Jacobs. – Niedernhausen/Ts. :
Bassermann, 1997
ISBN 3-8094-0333-4
NE: Jacobs, Jackie:

ISBN 3 8094 0333 4

Umschlaggestaltung: Andreas Jacobsen
Titelbild: Harald Rochelt
Fotos: Nick Allington, Uckfield (GB); Harald Rochelt, Gütenbach
Zeichnungen: Andrew MacDuffie, Bexhill (GB); Regina Brendel, Aarbergen-Panrod
Layout: Sylvia Pohlmann, Wiesbaden
Übersetzung: International Language Services, Wien

Satz: H. G. Gachet & Co., Langen
Druck: Ernst Uhl, Radolfzell

02425587X7 2635 4453 6271

Inhalt

Einführung

Grundlegendes zur Technik

Puppenköpfe selbst bemalt

Restaurieren

Restaurierungsarbeiten an einzelnen Puppen

Einführung

Willkommen in der bunten Welt der Puppen!

Dieses Buch ist mehr als nur eine Anleitung zum Nachbilden und Restaurieren von wunderschönen alten Puppen. Es vermittelt viel vom Flair und von der Faszination der bunten Puppenwelt, die um so interessanter wird, je mehr man von ihr kennenlernt. Warum aber meinen wir, diese zerbrechlichen Porzellanpuppen heute, im Zeitalter synthetischer Materialien, nachbilden zu müssen? Die Nostalgie ist sicherlich ein wichtiger Beweggrund: Die alten Originalpuppen wurden aus Porzellan hergestellt, und die wenigen, die überlebt haben, erwecken in uns das Gefühl, daß auch wir Werke schaffen sollten, die nach weiteren hundert Jahren Zeugnis von unserer Existenz und unserer Arbeit ablegen. Dabei müssen wir aber immer daran denken, daß die zarten Kleinode, die wir herstellen, nicht mit Spielpuppen für Kinder von heute verwechselt werden dürfen. Vielleicht kommt Ihnen als Puppenliebhaberin die Erinnerung an die eigene Kindheit, als Sie tatsächlich einmal mit Puppen spielen durften, die Ihrer Mutter, Großmutter oder Tante gehörten. Wenn Sie also solche Puppen lieben, dann haben Sie das richtige Buch gewählt.

Vielleicht fragen Sie sich, warum die Restaurierung alter Originalpuppen und die Herstellung von Nachbildungen gemeinsam in einem Buch abgehandelt werden, wobei der erste Teil von Carol Ann Stanton und der zweite Teil von Jackie Jacobs verfaßt wurde. Nun, es ist sicherlich ein ganz bestimmtes künstlerisches Temperament vonnöten, um eine alte Puppe restaurieren zu können. Und erst wenn man in der Restaurierung all seine Fertigkeiten einsetzt, beginnt man zu ahnen, wieviel Geschick und künstlerisches Können bei der Herstellung einiger Nachbildungen Pate gestanden haben. Wenn Sie also mit dem Restaurieren von Puppen beginnen, werden Sie sich bald dazu entschließen, einen Schritt weiter zu gehen und selbst Puppen herzustellen.

Heutzutage sind alte Puppen heiß begehrt. Sie sind teuer geworden, und man kann nicht alle erwerben, die man sieht. Sammeln Sie also nur Puppen, an denen Sie wirklich Freude haben. Geben Sie sich nur mit dem Besten zufrieden. Langfristig betrachtet, bedeutet Ihre Sammlung eine Investition, und sie sollten sich absolut sicher sein, welche Puppen Sie wirklich besitzen wollen.

Echte Sammler richten sich immer eher nach der Qualität als nach der Quantität. Echte, wiewohl restaurierte, alte Puppen sind für viele unter uns Sammlern genauso wichtig wie ein perfektes Exemplar, das möglicherweise gerade nicht verfügbar ist oder unseren finanziellen Mitteln nicht entspricht. Schätzen und beurteilen Sie daher jede Puppe sorgfältig, und vergewissern Sie sich, daß der Preis unter Berücksichtigung der Schäden und der Seltenheit des Objekts gerechtfertigt ist. Manchmal mag es sogar durchaus gescheiter sein, in eine gute Nachbildung zu investieren, als ein Original schlechter Qualität zu erwerben.

Die besondere Ausstrahlung alter Puppen

Die französische Puppe strahlt Prestige, hohen Wert und unwiderstehlichen Charme aus. Sie läßt an jenen luxuriösen Lebensstil denken, den die sozial privilegierten Pariser Kinder von der Mitte bis zum Ende des vergangenen Jahrhunderts pflegten. Die stolzen Besitzer dieser äußerst anziehenden Puppen werden damals wohl viele stille Stunden zufrieden damit gespielt haben. Jede Puppe ist ein Abbild sanfter Unschuld, wobei die elegantesten Erwachsenen und Kinder dieser Epoche detailgenau nachgebildet wurden. Die berühmten französischen Häuser, die untereinander um die Anerkennung durch Medaillen und Ehrendiplome wetteiferten – Auszeichnungen, die für sie unbedingt notwendig waren, um die wirklich Reichen als Kundschaft zu gewinnen –, stellten Puppen einer anerkannt hohen Qualität her. Wenn man sich die einzelnen fragilen, verletzlichen Gesichtsausdrücke ansieht, wird die Unverwechselbarkeit jeder einzelnen Puppe offensichtlich. Ebenso hervorragend sind ihre Kostüme und Schuhe gearbeitet.

Originale kosten Tausende und sind für viele Sammler oft unerschwinglich. Dies sollte Sie um so mehr ermutigen, die Ausstrahlung dieser fast unschätzbaren Puppen für Ihre Sammlung einzufangen, indem Sie unseren Anleitungen folgen, die wir für Sie in diesem Buch niedergelegt haben. Versuchen Sie immer, daran zu denken, daß dieses neue »Kind«, das Sie schaffen werden, nicht selbst sprechen oder sich mitteilen kann. Diese Rolle müssen Sie übernehmen, indem Sie auf sein Gesicht einen bestimmten Ausdruck zaubern, der lieblich, frech oder sehnsüchtig sein kann. Sie werden sich die Fotografie Ihrer Puppe sehr genau ansehen müssen, um dann zu entscheiden, welchen Ausdruck sie vermittelt, da ja genau dieser Ausdruck auf das Gesicht Ihrer eigenen Puppe übertragen werden soll.

Stellen wir uns die Nachbildung dieser wunderbaren Puppensammlung als einen Prozeß vor, bei dem ein völlig gleich aussehender Doppelgänger des Originals geschaffen wird. Eine solche Arbeit ist aufregender und verantwortungsvoller, als wenn man eine Reihe von Puppennachbildungen schafft, die ihrem Original weder in der Tönung noch in der Technik der Farbgebung in irgendeiner Weise ähnlich ist.

Dieses Buch setzt voraus, daß die Leser Grundfertigkeiten in der Herstellung von Porzellanpuppen bereits besitzen und in der Lage sind, eine Form zu gießen und den Rohling zu bearbeiten, so daß er so weit vorbereitet ist, daß man ihn in einem Hobbyofen zu Biskuitporzellan brennen kann. Die im folgenden vorgestellten Puppen, die wir aus der Jackie-Jacobs-Collection ausgewählt haben, verlangen unterschiedliche Grade der Fertigkeit in der Nachbildung, so daß der Puppenmacher bei ihrer Neuschaffung soviel wie möglich lernen kann und eine Herausforderung spürt, seine Arbeit zu verbessern.

Nachbildungen alter Originale – wozu?

Heutzutage weiß jeder, daß einige der alten Puppen in der Welt der Kunst ihren angestammten Platz gefunden haben. Die Seltenheit und der Wert der Originale machen es notwendig, Nachbildungen hoher Qualität herzustellen. Trotzdem ist es eine Fehleinschätzung, wenn man glaubt, die unschätzbaren Originale ersetzen oder hundertprozentig kopieren zu können, denn alle Puppen – auch die Kopien – sind eine Spiegelung des Menschen, die auch das Talent und die Persönlichkeit dessen zeigt, der sie geschaffen hat.

Der Künstler, der eine Nachbildung schafft, produziert kein Falsifikat. Das würde nicht nur Täuschungsabsicht erfordern, sondern es auch nötig machen, eine bestimmte Puppe Pinselstrich für Pinselstrich zu kopieren. Darüber hinaus bleiben all die Komplikationen der Nachbildung des Porzellans bestehen; Körper, Augen und Haare müßten ebenfalls exakt kopiert werden. Dabei müssen wir auch daran denken, daß die alten Puppen ein Produkt mehrerer Arbeiter sind, die unterschiedliche Talente besaßen.

Fleißige und begeisterte Puppenmacher auf der ganzen Welt haben nach dem perfekten Medium oder der perfekten Technik gesucht und waren überzeugt, daß es eine hundertprozentige Methode gäbe, die nur zu entdecken wäre, und schon könnten sie etwa die Bru-Puppe aus dem Jahre 1880 schaffen, die sie so bewundern.

Sie alle mußten erkennen, daß es unmöglich ist, die Produkte genau zu kopieren, die vor hundert Jahren verwendet wurden, so wie auch die Bedingungen nicht imitiert werden können, unter denen die Originalpuppen hergestellt wurden. Viele Faktoren müssen in Betracht gezogen werden. Unsere Hobbyöfen brennen bei einer weit geringeren Temperatur als die riesigen Industrieöfen, die in Porzellanfabriken verwendet wurden. Für den Hobbypuppenmacher wurde daher eine spezielle Porzellangießmasse hergestellt, die schon bei geringeren Temperaturen gebrannt werden kann. Zudem werden die meisten Produkte heutzutage auf chemischer Basis hergestellt, und bereits die Dicke des Biskuits verändert die Lichtreflexion.

Wenn wir also wollen, daß unsere Nachbildungen möglichst stark den Originalen ähneln, werden wir wohl den Geist verstehen lernen müssen, in dem sie hergestellt wurden, sowie unsere Methoden und Techniken – soweit wie möglich – denen der Vergangenheit anpassen. Alle in diesem Buch gezeigten Puppen (Nachbildungen) wurden mit einer Porzellangießmasse aus Deutschland hergestellt, deren Ingredienzien weitgehend mit denen des Originalporzellans übereinstimmen. Dabei muß natürlich – wie bereits erwähnt – berücksichtigt werden, daß sie für das Brennen bei weit geringeren Temperaturen ausgelegt sind.

Auf der Suche nach Perfektion

Für uns ist es heute leicht, die teilweise erschreckenden Bedingungen zu vergessen, unter denen die Puppen einstmals hergestellt wurden. Die Puppen- und Spielzeugindustrie Europas wurde oft durch rein profitorientierte Geschäftemacher bestimmt, die ihre Arbeiter im nicht enden wollenden Streben nach immer günstigeren Produktionskosten immer stärker ausbeuteten. Wir wissen heute um die Ausbeutung in den Ländern der Dritten Welt, aber im damaligen Europa gab es unter der Bevölkerung, die in den um die lokalen Porzellanfabriken herum entstandenen Siedlungen lebte, bittere Armut. Überraschend dabei ist, daß die bis heute erhaltenen Produkte dieser Menschen oft dem höchsten handwerklichen Standard entsprechen. Die detaillierteste und kreativste Arbeit zeigte sich in der Ausarbeitung des Gesichts, in den Glasaugen, den Haaren und der Konstruktion des Puppenkörpers.

Bei einem Gespräch mit einem älteren Herrn in Süddeutschland erfuhren wir, daß der Vater unseres Gegenübers Aufseher in einer lokalen Puppenfabrik gewesen war, die billige Köpfe für das eigene Haus und teurere Köpfe für Kunden produzierte. Er konnte Arbeit mit nach Hause nehmen, ganze Tabletts voller nackter Köpfe, die bemalt werden sollten. Sein Sohn nun erzählte uns, daß er als Junge mit seiner Schwester, seiner Mutter und seinem Vater an einem Abend zwischen 300 und 400 Köpfe mit Hautfarbe versehen konnte: Man deckte die Köpfe ordentlich mit Farbe ein und legte sie dann über Nacht zum Trocknen aus. Am nächsten Tag wurden von den Porzellanmalern die Augenbrauen, Wimpern und Lippen gemalt, wonach die Köpfe nur einmal zum Brennen in den Ofen kamen. Er lachte, als ich ihm erzählte, wieviel Zeit wir einmal bei einem Seminar nur für das Bemalen aufgewendet hatten. Den Porzellanmalern damals waren nur fünf Minuten pro Puppenkopf erlaubt! Diese Norm galt für alle billigeren Puppen, die für den Massenmarkt produziert wurden.

Auch ein Gespräch mit einem älteren Engländer, das wir jüngst führten, war sehr aufschlußreich. Er wurde als Porzellanmaler in einer deutschen Puppenfabrik ausgebildet, kam dann nach England zurück und begann ein eigenes Geschäft, indem er Köpfe aus Deutschland importierte und sie bei der Herstellung von Puppen für den heimischen Markt verwendete. Er erzählte mir, daß die Porzellanmaler an Werkbänken arbeiteten, die vor einem Fenster standen, wobei jeder nur einen Farbentopf für einen bestimmten Arbeitsabschnitt vor sich hatte. Waren dann beispielsweise die Wimpern fertiggestellt, wurde der Kopf an die nächste Person weitergereicht. Am Schluß wurde er inspiziert und ging weiter zum Brennen.

Jeder Porzellanmaler hatte seine eigenen Zobelhaarpinsel und mußte sehr schnell arbeiten. Die wichtigste Erkenntnis, die sich aus diesem Gespräch ergab, war das Wissen über die Art, wie die individuellen Stile für ein bestimmtes Modell erreicht wurden. Tatsächlich ergaben sie sich nämlich daraus, wie die Köpfe beim Bemalen gehalten wurden.

Jede Puppe ist eine Nachbildung!

Ein anderer interessanter Punkt war die Tatsache, daß nach dem Ersten Weltkrieg nur wenige Porzellanfabriken in Europa übrigblieben, die weiterhin Puppenköpfe produzierten. Diese vergaben – besonders wohl bei den teureren Puppen – vergaben Aufträge an Künstler, die einen ersten Kopf schufen. Dann übernahm eine Porzellanfabrik die Produktion. Man kann also ruhig sagen, daß auch jede alte Puppe die Nachbildung einer Originalpuppe aus Künstlerhand ist!

Wenn wir die wunderschönen Bru-, Jumeau-, Steiner-Puppen etc. betrachten, wird es ganz offensichtlich, daß nur die erfahrensten Porzellanmaler die Arbeiten an besonders kunstvollen Puppen für den teureren Markt ausführen konnten. Wir müssen uns jedoch trotzdem daran erinnern, daß die Puppen niemals als Kunstwerk geschaffen wurden, sondern für die rauhe Welt des Handels. Zeit war Geld, und auch bei den teuersten Puppen hatte der Porzellanmaler keine Zeit, sich stundenlang mit der Entwicklung von Pinselstrichen zu beschäftigen, obwohl es in unseren Augen zunächst so aussieht, als wären die Puppen mit großer Hingabe zum Detail bemalt worden. Tatsächlich wurde aber versucht, mit einem Minimum an Aufwand ein Maximum an Wirkung zu erzielen. Es gibt keine zufälligen Striche auf den Gesichtern der alten Puppen. Jede Linie hat eine Funktion und entspricht genau dem Originalentwurf, der damals für die entsprechende Form gemacht wurde.

Der Nachbildungskünstler unserer Tage wird vielleicht manchmal in Versuchung geraten, die anziehendsten Merkmale einer bestimmten Puppe zu übertreiben. Wir sehen einen herzigen Mund und lange, schwarze Wimpern, und wenn wir dann zu Hause in unserem Bastelraum sitzen und stundenlang Zeit haben, werfen wir das Originalkonzept um und verändern die Puppe vielleicht gar so, daß sie für moderne Sammler viel anziehender aussieht. Unsere Pflicht muß es aber sein, die Arbeit unserer Vorfahren zu schützen, da die alten Puppen ein wichtiges Dokument der Geschichte unserer Gesellschaft sind.

Es ist verständlich, daß Sammler alter Puppen nur schwerlich dazu zu bewegen waren, die Kunst der Nachbildung von Puppen als eigenständige Kunst zu akzeptieren. Man hat ihnen jedoch immer wieder versichert, daß auch diese Puppenkünstler ihre Arbeiten ja signieren, und bewiesen, daß durch das Nacharbeiten von Puppen immer neue Puppenliebhaber gewonnen werden können.

Zudem zeigt sich mehr und mehr, daß inzwischen auch Nachbildungen ernsthaft begutachtet und mit den Originalen verglichen werden, so daß durchaus zwischen schlecht bemalten Puppen und feineren Arbeiten unterschieden wird.

Es besteht kein Zweifel, daß die von der »Global Doll Society« organisierten Wettbewerbe weitgehend dazu beigetragen haben, den Standard der Puppennachbildungen zu heben. Sammler haben gelernt, die Qualität der Arbeiten zu beurteilen, und wählen jene aus, die sie am meisten bewundern.

Drei der schönsten französischen Puppen (von links nach rechts) Viviane von A.V. (Seite 82), Louisa von Bru (Seite 42) und Giselle von Jumeau (Seite 58)

Vorbereitung der Rohlinge

Um bei den Formen der Köpfe möglichst hohe Detailgenauigkeit zu erreichen, war es zum Teil erforderlich, getrennte Ohrstücke herzustellen, so z. B. für die Zigeunerpuppe von Bru (Seite 46), die Long-Face von Jumeau (Seite 54) und die nicht mechanische Puppe von Steiner (Seite 66). Sie alle besitzen nachträglich angesetzte Ohren, die getrennt gefertigt und im lederharten Stadium angebracht wurden.

Wenn auch bei Ihrer Puppe neben der Form für den Kopf eine eigene Form für die Ohren vorhanden ist, wird die Kopfform zuerst in der üblichen Art gegossen. Sodann füllen Sie ein wenig Porzellanmasse in die Ohrform. Nach ein bis zwei Stunden können Sie die Rohlinge aus der Form nehmen. In einem kleinen Behälter mischen Sie nun etwas Porzellanmasse mit einer Prise Salz. Tragen Sie diese Mischung an der Stelle, an der das Ohr angesetzt werden soll, auf. »Kleben« Sie das Ohr an der Seite des Kopfes fest, und ebnen Sie die Kanten, indem Sie einen kleinen Pinsel und ein wenig frische Porzellanmasse verwenden. Nach dem Austrocknen wird der Kopf wie üblich versäubert. Rund um die Ohren reinigen Sie das Werkstück mit einem Wattebausch.

Vorbereitung der Malarbeiten

Bevor wir damit beginnen, unsere Puppen herzustellen, möchten wir uns mit der Ethik unserer Arbeit, unseren Zielen und einigen der Probleme, die uns begegnen können, beschäftigen.

In den letzten Jahren haben Tausende Menschen auf der ganzen Welt entdeckt, wieviel Freude sie daran haben, ihre eigenen Porzellanpuppen herzustellen. Mit Hilfe der modernen Technik bei der Puppenherstellung ist es heute möglich, zu Hause Nachbildungen wertvoller alter Puppen herzustellen. Dieses wunderbare Hobby wird von vielen als leichte, einfache Arbeit gepriesen, die jedermann ohne irgendeine künstlerische Ausbildung in Angriff nehmen könne. Für einen vollkommenen Anfänger ist es auch relativ einfach, beispielsweise im Rahmen eines Seminars, leicht zu bemalende Puppen herzustellen, wenn individuelle Anleitungen geboten werden. Zu Problemen kann es allerdings kommen, wenn der unternehmungslustige Puppennachbilder versucht, die schwierigeren Puppen zu Hause zu machen. Jemand, der nur einige Grundinstruktionen erhalten hat, steht oft verwirrt vor dem Problem, wie er seine Arbeit mit Puppen verbessern und seine Fertigkeiten selbst vervollkommnen kann. In den nachfolgenden Kapiteln dieses Buchs soll gezeigt werden, wie Sie es schaffen können, Ihre eigenen, wunderschönen Puppenkopien selbst herzustellen und gleichzeitig ein hohes Niveau zu erreichen.

Allgemeine Hinweise und Ratschläge

Bevor Sie anfangen, vergewissern Sie sich, daß die Lichtverhältnisse gut sind und Sie ausreichende Lichtquellen haben. Eventuell brauchen Sie auch ein Vergrößerungsglas.

Sie benötigen keinerlei spezielle Qualifikationen, um die Herstellung von Porzellanpuppen als Hobby zu betreiben. Sie sollten aber gut sehen können und eine ruhige Hand haben. Jeder von uns kann kopieren, und das zeigt sich auch bald an unseren Puppen, sofern wir von Anfang an sorgfältig arbeiten. Unbedingt wissen müssen wir dabei, daß ein guter Nachbildungskünstler regelmäßig malen muß. Es ist wie bei jeder anderen Fertigkeit: Sie geht verloren, wenn sie nicht häufig geübt wird.

Wichtig ist auch, daß Sie an Ihrem Arbeitsplatz gut sitzen. Ich habe jüngst einen sehr modernen Stuhl gekauft, auf dem man in kniender Position »sitzt«. Für mich hat sich das als unschätzbar erwiesen, da ich mich nun sehr gerade halten kann und auch nach vielen Arbeitsstunden keine Krämpfe mehr bekomme. Alte Bilder zeigen Porzellanmaler der Jumeau-Fabrik, die an Werkbänken sitzen und deren rechte Ellbogen auf Armstützen ruhen. Ich habe diese Methode probiert, mußte aber erkennen, daß sie bei mir nicht funktioniert. Wenn also eine Sitzhaltung nicht angenehm ist, dann versuchen Sie eben eine andere. Wechseln Sie die Position, prüfen Sie Ihre Farbmischung, die Spitze Ihres Pinsels und vor allem den Winkel, in dem Sie den Kopf halten. Beachten sollten Sie auch, daß Ihr Arbeitsplatz so sauber und staubfrei wie möglich sein sollte. Malen Sie niemals an demselben Platz, an dem Sie den Rohling gesäubert haben. Eine gute Idee ist es auch, sich eine Schürze und ein Kopftuch umzubinden. Fusseln von Pullovern und Haaren finden immer ihren Weg in die Farbe!

Die Puppen waren immer ein wunderbares Abbild der Sozialgeschichte. Ihre Gesichter, Proportionen und Kostüme zeigen den Wandel der Kleidermode und Veränderungen unserer Einstellung zu Kindern und Erwachsenen im Laufe der Epochen. So trugen beispielsweise Kinder aus besseren Familien im letzten Jahrhundert schwere Kleider. Die jungen Frauen dieser Schicht hatten das Ideal einer möglichst blassen Gesichtsfarbe. Da die teuersten Serien der Porzellanpuppen eben für diese Klasse gedacht waren, hatten sie natürlich auch keine unmodischen rosigen Wangen und trugen die entsprechende Kleidung. Die sozialen Bedingungen änderten sich allmählich, und die nach dem Ersten Weltkrieg produzierten Puppen dokumentieren diesen Wandel mit ihrer blühenden Gesichtsfarbe.

Ein guter Nachbildungskünstler sollte den Grad der Gesichtsfärbung je nach der Puppe, an der er arbeitet, variieren können. Auf den nachfolgenden Seiten zeige ich detailliert die Technik, die ich einsetze, um individuell unterschiedliche Farbschattierungen zu erzielen. Bitte achten Sie darauf, wenn Sie die Malanleitungen für die einzelnen Puppen nachvollziehen.

Bevor Sie mit dem Bemalen beginnen, würde ich vorschlagen, daß Sie alle Anleitungen für die Puppen in diesem Buch durchlesen, da nicht alle hilfreichen Ratschläge bei jeder Puppe wiederholt werden.

Ich habe das Privileg genossen, an Jackie Jacobs' Arbeitsplatz zu sitzen, um die hier dargestellten Puppen zu bemalen. Dadurch hatte ich direkten Zugang zu den Originalpuppen, von denen unsere Formen abgenommen wurden. Jede nachgebildete Puppe, die Sie in diesem Buch sehen, wurde neben ihrem Original bemalt.

Welches Hobby Sie in Zukunft auch betreiben werden – ich bin sicher, daß Sie es niemals bedauern werden, die wundervolle Welt der Puppen betreten zu haben. Sie werden begeisterte neue Freunde finden, die den Enthusiasmus für das Puppenmachen und das Sammeln als Faszination und Bereicherung ihres Lebens empfinden.

Es ist ratsam, alle jene Puppen, von denen man meint, sie besonders schön gemalt zu haben, als Meisterstücke aufzubewahren und sie nicht wegzugeben, bis man ein anderes, vielleicht noch besseres Stück geschaffen hat. Auf diese Weise kann man seine Arbeit immer weiter vervollkommnen. Denken Sie daran, daß Ihre Pinsel Ihre besten Freunde sind! Halten Sie sie in Ehren. Man braucht gar nicht erst anzunehmen, daß man feine Linien mit einem Pinsel malen kann, den auch ein Kind benützen könnte. Reines Zobelhaar ist dafür am besten, ich persönlich bevorzuge einen langen Detailpinsel. Säubern Sie Ihre Pinsel nach jeder Malarbeit sorgfältig. Tauchen Sie sie erst in Terpentin, waschen Sie dieses dann mit Shampoo aus; dann den Pinsel trocknen und mit flüssigem Paraffin zu einer Spitze rollen. Denken Sie immer daran, Ihren Pinsel in Terpentin einzutauchen und zu trocknen, bevor Sie wieder mit dem Bemalen beginnen. Andere nützliche Pinsel sind der Grundierpinsel, der Punktierpinsel oder der Stopplerpinsel, ein »Katzenzungen-« und ein dicker, synthetischer Pinsel für koloriertes Biskuitporzellan.

Der häufigste Fehler von Puppenmachern ist, daß sie das Bemalen des Puppenkopfes so in Angriff nehmen, als würden sie eine flache Leinwand, Papier oder – vor allem bei blutigen Anfängern – Wände bemalen! Ein guter Lehrer muß den Anfängern zunächst einmal darüber belehren, wie er den Puppenkopf und den Pinsel zu halten hat. Ein triftiger Grund, einen guten Lehrer zu wählen und mindestens ein, wenn nicht zwei Seminare zu besuchen, bevor man das ganze Projekt auf eigene Faust in Angriff nimmt. Es kann nicht oft genug gesagt werden, daß die Stellung, in der der Kopf beim Bemalen gehalten wird, von herausragender Bedeutung ist. Nun sind zwar die Gesichter der Puppen voller Konturen, man muß aber trotzdem versuchen, den Teil, den man gerade bemalt (z. B. die Augenlidfalte) so flach wie möglich an die Spitze des Pinsels heranzuführen, so daß dieser praktisch senkrecht dazu gehalten werden kann. Man kann das nur dann tun, wenn man den Kopf bei der Arbeit fortwährend dreht und neigt. Versuchen Sie nicht, die Hand zu drehen und aus ungünstigen Haltungen heraus bogenförmige Linien – zum Beispiel für Augenbrauen – zu ziehen.

Das Nachbilden von Puppen ist ein Hobby, das schwer zu demonstrieren ist. Es geht nicht einfach darum, den richtigen Pinselstrich auf einen nackten Porzellankopf zu setzen. Wir können nicht genau sagen, wie viele Millimeter jeder Pinselstrich vom nächsten entfernt sein soll oder wie viele Pinselstriche auf einem Gesicht anzubringen sind.

Die originalen, alten Puppen wurden ebenfalls niemals nach genauen Maßangaben bemalt. Wie schafften es aber die Porzellanmaler, auf den Puppen einer Serie immer denselben Gesichtsausdruck hervorzubringen? Die Nachbildung eines bestimmten Ausdrucks ist eine Frage des Stils. In der Vergangenheit hatte jede Serie ihren eigenen, der jeweils sorgfältig ausgewählt wurde. Den Porzellanmalern wurde eine Musterbemalung gezeigt, an die sie sich zu halten hatten. Das Muster wurde dann möglicherweise im Ausstellungsraum der Fabrik aufbewahrt, so daß es den Malern vielleicht gar nicht möglich war, immer wieder nachzusehen, geschweige denn, daß sie es vor sich hatten, um es jedesmal neu zu kopieren. Dies wäre auch eine Erklärung für die trotz der Seriengestaltung vorhandene Individualität jeder Puppe. Auf einem alten Biskuitkopf gibt es keine überflüssigen Linien. Die wirtschaftlichen Gegebenheiten verlangten, daß jede Puppe innerhalb kürzester Zeit ordentlich bemalt wurde. Man sieht zwar sehr oft Fingerspitzen im Hautton und »Wischer« in den Augenbrauen, nie aber verlaufene oder zittrige Linien. Sogar die weniger gut bemalten Puppen weisen klare Pinselstriche auf.

Der erste grundlegende Schritt auf dem Weg zur künstlerischen Fertigkeit in der Nachbildung von Puppen ist, daß man sich Zeit nimmt, die Originale – den Stil der Bemalung, der Farbgebung etc. – zu studieren. Das geschieht entweder über Bücher, die gute Fotografien enthalten, in Museen oder bei Puppenbörsen. Lernen Sie, den Stil der Bemalung zu erkennen, der von den einzelnen Herstellern gewählt wurde. Es wird Ihnen bei Ihrer eigenen Arbeit weiterhelfen.

Manchmal entdecken Puppenmacher auch verborgene Talente, z. B. in Hinblick auf das Bemalen der Puppen, auf das Nähen der Kostüme aus der entsprechenden Epoche, auf die Organisation oder die Weitergabe des Wissens um die Puppen. Geduld und harte Arbeit sind der Schlüssel zum Erfolg, wobei einem möglicherweise ein bestimmter Aspekt leichter fällt als ein anderer. Alle Fertigkeiten aber können verbessert werden, wenn man vom Wunsch beseelt ist, all diese wunderschönen Puppen zu besitzen!

Eines der schwierigsten Probleme, die ein Puppenmacher bewältigen muß, ist ein gewisser Mangel an Objektivität, der dazu führt, daß er sich zu schnell zufriedengibt. Die Puppen, die wir schaffen, werden unsere eigenen Kinder. Wir sind so stolz darauf, daß wir oft den Blick für ihre Fehler verlieren. Sicherlich ist es hart, einen Kopf in den Abfalleimer zu werfen, nachdem man stundenlang daran gearbeitet hat, aber manchmal ist es eben notwendig. Immerhin bringt uns auch diese Erfahrung weiter, und wir können es uns nicht leisten, schlecht bemalte Puppen am Leben zu lassen, die keinen Erfolg haben werden. Ein guter Ratschlag ist es, im Zweifelsfall die Malarbeit ruhenzulassen, später wieder zu ihr zurückzukehren und die Puppen mit dem Gesicht vor einen Spiegel zu halten. Dabei sieht man oft Fehler, die vorher gar nicht so deutlich hervorgetreten waren.

Schwierig ist es auch zu entscheiden, wann man mit dem Bemalen aufhören soll. Auch hier ist es wiederum am besten, die Arbeit eine Zeitlang liegen zu lassen und sie später im Lichte eines neuen Tages, neu zu besehen.

Einige Nachbildungskünstler benutzen eine eher technische Arbeitsweise. Sie brennen ihre Puppenköpfe immer wieder, um allmählich die Farben aufzubauen, und malen jeder Puppe haargenau dieselben Wimpern. Aus so vielen Brennvorgängen ist allerdings kein zusätzlicher Gewinn zu ziehen, auch die alten Puppen wurden nie mehr als zweimal gebrannt. Bei jedem Brennvorgang im Ofen wird die Farbe heller und die Versuchung, die Köpfe zu übermalen, größer.

Nur sehr wenige Originalpuppen haben exakte, perfekte Wimpern. Das können Sie auch auf den Fotografien in diesem Buch sehen. Je perfekter Sie die Details malen, desto weniger wahrscheinlich ist eine Ähnlichkeit mit den Originalen, die niemals vollkommen waren. Ihr einzigartiger Charme ist viel subtiler. Wenn Sie beim Bemalen im Vergleich zu den Originalen zu akkurat werden, erhalten Sie ein »totes« Gesicht, das keinerlei Lebenswärme ausstrahlt, denn nicht einmal unsere eigenen Gesichter sind seitengleich. Wir müssen jedoch anmerken, daß unsere Nachbildungen in einem kleinen Detail perfekter sein müssen als die Originale: Farbtupfer auf den Wimpern, Fingerabdrücke oder verwischte Stellen in den Augenbrauen sind nicht erlaubt! Von diesen Fehlern der Originale wird kein einziger bei den neuen Puppen akzeptiert, da sich daraus höchstens ableiten läßt, daß der Puppenmacher nicht malen kann.

Wenn Sie von einer Fotografie kopieren, ist die Größe der Puppe zu beachten. Wenn Ihre Nachbildung sehr viel kleiner ist, müssen Sie daran denken, daß der Stil zwar bleibt, dafür aber weniger Pinselstriche nötig sind. Wie oft habe ich gesehen, wie meine Schülerinnen die Wimpern einer Puppe auf einer Fotografie mit Akribie zählten, nur um dann feststellen zu müssen, daß nur halb so viele auf den Kopf paßten, den Sie gerade bemalten! Als allgemeine Regel kann man sagen, daß lieber wenige Linien an der richtigen Stelle und im richtigen Stil gezogen werden sollen als viele Pinselstriche an der falschen Stelle! Diese Regel gilt besonders für die Augenbrauen.

Außerdem sollte man auch stets im Rahmen seiner Fähigkeiten malen. Es ist immer besser, eine einfache Puppe schön zu bemalen als eine schwierige häßlich, denn der Betrachter stellt sich nie die Frage, ob eine Puppe leicht oder schwer zu bemalen war, und der eigene Ruf ist schnell ruiniert.

Tönung des Kopfes

Es gibt zwei grundlegende Methoden, einen Grundhautton und/oder ein Wangenrot auf einen Kopf aufzubringen. Beide Methoden werden unter dem Begriff »Tönung« zusammengefaßt. Obwohl es sich dabei um einen relativ einfachen Vorgang handelt, muß er sorgfältig und in dem zur kopierten Puppe passenden Stil durchgeführt werden. Gleichgültig welche Methode Sie vorziehen, Sie erhalten gute Ergebnisse nur dann, wenn Sie sich für diesen Teil der Arbeit Zeit nehmen und immer darauf achten, daß Sie einen sauberen Puppenkopf bearbeiten und Ihre eigenen Hände staub- und fettfrei sind.

Die Tönung erfolgt entweder mit großen Stipplerpinseln, indem das Biskuit mit dem jeweils bevorzugten Mittel (Lavendel- oder Kopaivaöl) eingeölt und die Farben mit leichten Aus- und Abbewegungen aufgebracht wird. Die andere Methode besteht darin, daß man die Farbe mit einem Läppchen aus Seide, in das ein kleines Stück Watte oder Plastikschaum eingewickelt wird, »auftupft«. Ich bevorzuge aus unterschiedlichen Gründen die letztgenannte Methode. Zunächst einmal wurde eine ähnliche Methode von den Porzellanmalern des 19. und des beginnenden 20. Jahrhunderts für die Originalpuppen verwendet. Die Arbeit wurde so oft durchgeführt, daß Lehrlinge die Grundfarben aufbrachten und die Köpfe für die Feinarbeit an andere weiterreichten. Bei der Technik des Auftupfens ist es möglich, einen ganzen Kopf in der gewünschten Hautfarbe zu tönen und dann ohne Schwierigkeiten zusätzliche Farben aufzubringen, was bei der Pinselmethode nicht funktioniert. So kann die Bemalung mit einem Brennvorgang abgeschlossen werden. Ich verwende diese Methode auch bei Mulatten und Puppen mit orientalischen Gesichtsfarben.

Pinsel verwende ich ungern zum Tönen, da die Pinselhaare auf dem eingeölten Biskuit ausgehen und es auch länger dauert, bis man eine einheitliche Farbdichte erreicht hat, die für einen Brennvorgang ausreicht. Alle Malanleitungen in diesem Buch basieren auf der Verwendung trocknender Farbe, das heißt, daß die Arbeit vor dem Brennen auf mehrere Tage ausgedehnt werden kann: Solange ein Kopf in staubfreier Umgebung gehalten wird und er zwischenzeitlich trocknen kann, können weitere Arbeiten darauf ausgeführt werden. Es besteht kein

Zweifel, daß auch bei den alten Puppen trocknende Farbe verwendet wurde, da in den meisten Fällen wirtschaftlich nur ein Brennvorgang vertretbar war.

Erforderliches Material: kleine Stücke weißer, feiner, reiner Seide; kleine Stücke Kunststoffschaum oder Baumwollwatte; Kopaivaöl (gelegentlich auch Lavendelöl, beispielsweise bei Mulatten); geeignete Pulverfarbe.

Unter »Auftupfen« ist zu verstehen, daß die Farbe in einer tupfenden Auf- und Abbewegung auf den Kopf aufgebracht wird. Das muß leicht und schnell geschehen. Streich- oder Schleifbewegungen sind zu vermeiden. Zunächst ist der gesamte Kopf oder der Teil des Kopfes, der bemalt werden soll, »einzuölen«. Wenn lediglich eine Wangenrötung gearbeitet werden soll, ölen Sie die Partie in einem Bereich ein, der etwas über die zu bemalende Fläche hinausreicht, damit die Farbe in die tatsächliche Biskuitfarbe übergehen und sich damit vermischen kann. Bringen Sie das Kopaiva- oder Lavendelöl direkt auf das Biskuit auf. Ölen Sie den zu bearbeitenden Bereich mit dem Finger leicht ein, und wischen Sie überflüssiges Öl mit einem sauberen Tuch weg. Achten Sie sorgfältig darauf, daß das Öl Bereiche, die schon bemalt, aber noch nicht gebrannt sind, wie etwa Lippen oder Nasenpunkte, nicht berührt.

Nun nehmen Sie den Kopf in eine Hand, damit Sie ihn frei bewegen können. Mit der anderen Hand nehmen Sie einen Bausch aus mit feiner Seide umwickeltem Schaumstoff (Watte) auf. Tauchen Sie diesen Bausch in die vorher gemischte Farbe (50 Prozent Kopaiva, 50 Prozent Farbe). Streichen Sie die überflüssige Farbe auf einer Fliese ab, und tupfen Sie dann die restliche Farbe in dem zu bemalenden Bereich mit schnellen Bewegungen auf. Durch die leichte Tupfbewegung wird sie gleichmäßig verteilt.

Wenn Sie eine helle Tönung wünschen, drehen Sie den Bausch, so daß eine nicht mit Farbe benetzte Stelle mit dem Kopf in Berührung kommt. Wollen Sie eine dunklere Tönung, so tauchen Sie den Bausch nochmals in Farbe. Drücken Sie den Seidenbausch in Ihrer Hand nicht zusammen. Halten Sie ihn zwischen zwei Fingern, und ziehen Sie die Seide nicht auseinander.

Bei der fertigen Puppe sollte es dann so aussehen, als würde die Wangenfarbe ohne deutliche Ränder in die Biskuitfarbe übergehen. Schneller kommen Sie zum Ziel, wenn Sie anfänglich nicht zuviel Farbe verwenden, sondern sie erst graduell verstärken. Fleckige Stellen können »weggetupft« werden, indem Sie Ihren Seidenbausch in Öl tauchen, auf einer Fliese abstreifen und dann mit der Arbeit fortfahren.

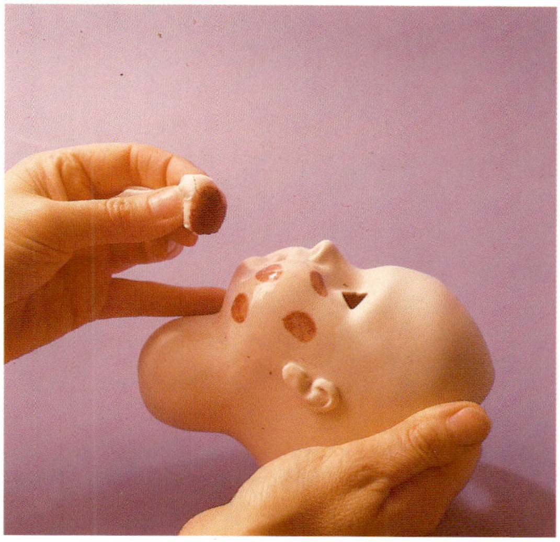

Bringen Sie Kopaiva- oder Lavendelöl direkt auf das Biskuit auf, indem Sie mit den Fingern eine etwas größere Fläche damit bestreichen. Sobald diese leicht eingeölt ist, das überschüssige Öl mit einem sauberen Tuch wegwischen.

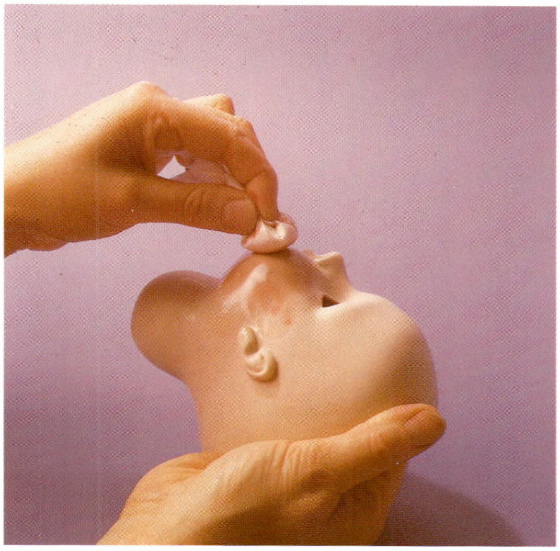

Mit der freien Hand formen Sie aus Seide und einem Schwamm oder Watte einen kleinen Bausch. Tauchen Sie ihn in die Farbmischung, und streichen Sie ihn auf einer Fliese ab. Tupfen Sie dann die Farbe leicht auf die zu bemalende Fläche.

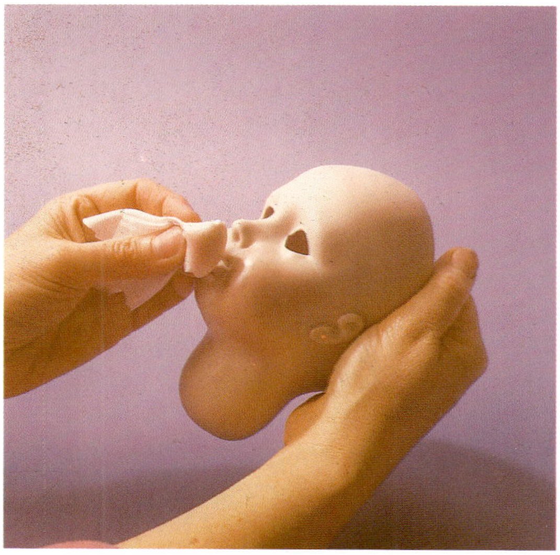

Die Farbe wird mit einer leichten, tupfenden Bewegung auf die Wangen verteilt. Knittern Sie den Bausch nicht in der Hand, halten Sie ihn zwischen zwei Fingern, und drehen Sie ihn, so daß auch saubere Stellen mit dem Kopf in Berührung kommen. Die Farbe wird heller, wenn Sie einen nicht mit Farbe benetzten Teil des Bausches verwenden! Mischen Sie die Farbe gut, verwenden Sie einen neuen, sauberen Bausch, um die Farbe im Randbereich zu verteilen. Die Farbe muß fließend in den nicht bemalten Bereich übergehen.

Das Malen der Augenbrauen

Lesen Sie vor Anfang der Malarbeiten die folgenden Anweisungen, die für alle Puppen gelten, genau durch, denn die Hinweise werden nicht für jede Puppe wiederholt.

Bevor Sie mit den Augenbrauen beginnen, empfiehlt es sich, auf jeder Seite des Gesichtes eine Grundlinie zu malen, damit Sie einen Bezugspunkt für alle weiteren Pinselstriche haben. Um die richtige Stelle für diese Positionslinie zu finden, betrachten Sie die Augenbrauen der Originalpuppe und versuchen dabei, die Linie zu bestimmen, welche vom Maler wohl als erste gemalt wurde. Der erste Pinselstrich war normalerweise die unterste bzw. die längste Linie, d. h. diejenige, die unmittelbar über dem Auge selbst entlanglief.

Da das Puppengesicht nicht flach ist, kann das Nachvollziehen des korrekten Stils eine ziemlich verwirrende Sache sein. Die ausgeformte Gesichtsfläche lenkt leicht von der richtigen Linienführung ab, so daß man die Augenbrauen nach bestimmten Kriterien systematisch abmessen muß. Merken Sie sich den genauen Ansatzpunkt im Verhältnis zum Nasenrücken. Betrachten Sie dann die Pinselstriche: welche Form sie haben, in welchem Winkel sie verlaufen, wie lang sie sind und wo sie enden.

Betrachten Sie die Abbildung des Puppengesichts sehr genau. Legen Sie dann auf dem Foto auf jeder Seite der Nase einen Zahnstocher an, der parallel dazu verläuft. So sehen Sie, in welchem Winkel die Pinselstriche im Verhältnis zur Nase verlaufen und ob bzw. wie weit sie über die Augenwinkel hinausreichen.

Nachdem Sie die Anfangslinien gemalt haben (in der Folge als »Grundlinien« bezeichnet), arbeiten Sie aus feinen Strichen das Skelettmuster. Vergewissern Sie sich dabei anhand des Originals, daß Sie den Stil richtig reproduziert haben. Fehlerhafte Stellen können Sie wegwischen, aber achten Sie darauf, daß die Grundlinien dabei nicht entfernt werden.

Zur Betonung des Skelettmusters sowie zur Abtönung der Zwischenräume verwendet man einen Detailpinsel. Zu diesem Zweck darf die Farbmischung nicht zu ölig sein. Für das Abtönen verwendet man die Seite des Pinsels, für die feinen Striche die Spitze. Damit sich die Striche leichter und fließender malen lassen, empfiehlt es sich, den Kopf in seitlicher Lage zu halten und die Pinselstriche zum eigenen Körper hin auszuführen. Diese Vorgehensweise verringert die Gefahr, daß man noch nicht gebrannte Farbe verschmiert.

Das Mischen der Farben, um die verschiedenen Farbtöne der einzelnen Puppen wiederzugeben, ist keine exakte Wissenschaft. Bei den Originalpuppen kommt es häufig vor, daß Einzelexemplare desselben Modells jeweils unterschiedliche Farbtöne aufweisen. Sie brauchen sich also keine Sorgen wegen unpräziser Mischungsverhältnisse zu machen; solange Sie sich nach Möglichkeit an die Angaben für jede Puppe halten, wird der erzielte Farbton durchaus im normalen Variationsbereich der Originalmodelle bleiben.

In diesem Buch sind zwar Skelettmuster für die Augenbrauen abgebildet, aber es wäre falsch, diese »Skizzen« als maßgebliche Vorlagen für den authentischen Stil zu betrachten. In der Praxis ist die Sache etwas schwieriger, denn diese Skizzen geben die Gesamtmuster nur zweidimensional wieder und können, da sie nicht maßstabgetreu gezeichnet wurden, kein genaues Maß für jeden Pinselstrich bieten. Sie dienen lediglich als allgemeiner Leitfaden zur Identifizierung der verschiedenen Stilrichtungen.

Das Malen der Wimpern

Bevor Sie anfangen, die Wimpern der gewählten Puppe zu malen, sollten Sie die Fotos des Originalmodells sorgfältig betrachten. Die Bemalung vieler alter Puppen weist zwar ab und an kleine Fehler auf, aber jeder Pinselstrich ist klar und fein. Obwohl es nicht ratsam ist, die Fehler der alten Maler nachzuahmen, sollten Sie sich bei jeder Puppe möglichst nach dem authentischen Stil richten.

Mit der flachen Seite eines Spachtels mischen Sie pulverförmige Porzellanfarbe und Kopaivaöl ungefähr im Verhältnis 1:1. Vergewissern Sie sich, daß das ganze Pulver gründlich mit dem Öl verrührt ist und die Mischung eine glatte Konsistenz hat.

Jetzt muß ein Pinsel vorbereitet werden. Tauchen Sie einen Detailpinsel aus Zobelhaar oder einen Langhaardetailpinsel in etwas Kopaivaöl. Wischen Sie den Pinsel an einem Papiertuch ab, und rollen Sie ihn solange an der Kachel ab, bis sich eine feine Spitze herausgebildet hat. Benetzen Sie den Pinsel mit Farbe aus der Mitte der angerührten Mischung, und rollen Sie ihn wieder an der Kachel ab, bis er eine feine, zarte Spitze hat.

Beim Malen der Wimpern beginnt man mit dem oberen Lid, und zwar vom Augeninnenwinkel aus. Sie werden feststellen, daß die Wimpern der Originalpuppen zu den Ohren hin leicht schräg geneigt sind. Achten Sie darauf, daß der Abstand zwischen den Wimpern genauso groß ist wie beim Originalmodell. Sorgen Sie gleichzeitig dafür, daß die Wimpern denen des Originals auch in Länge, Stärke und Stil entsprechen. Während des Malens sollte die Farbmischung häufig und sorgfältig umgerührt werden.

Die Wimpern lassen sich leichter malen, wenn Sie die Pinselstriche vom eigenen Körper weg ausführen. Neigen Sie den Kopf der Puppe so, daß sich die Pinselstriche in einer fließenden Abwärtsbewegung ausführen lassen. Die Lage des Puppenkopfes ist während der ganzen Malarbeit sehr wichtig.

Um Fehler zu beheben, verwendet man am besten einen Zahnstocher, der in etwas Seidenpapier gewickelt und in reinen Alkohol getaucht wurde. Wenn zuviel falsch ist, entfernt man am besten die ganze Farbe mit Terpentin und wäscht den Kopf in Seifenwasser; danach mit klarem Wasser nachspülen und mit einem fusselfreien Tuch trocknen. Sollten die Wimpern blaß und ölig wirken, muß der Farbmischung mehr Pulver beigemischt werden. Ist die Mischung zu trocken, gibt man etwas Öl dazu.

Das Malen der Lippen

Pulverfarbe wird auf einer sauberen Kachel mit Kopaivaöl gemischt. Falls der Mund eher blaß werden soll, muß die Mischung etwas öliger sein als üblich.

Bevor die Farbe aufgetragen wird, muß der Umriß des Mundes gezeichnet werden. Zum Nachziehen der bogenförmigen Linie von Ober- und Unterlippe verwendet man einen Katzenzungenpinsel oder einen Detailpinsel. Während Sie die Umrißlinie des Mundes zeichnen, sollten Sie darauf achten, daß der Mittelpunkt der bogenförmigen Oberlippe in einer Linie mit der Nasenmitte liegt. Sobald die Form des Mundes korrekt umrissen ist, tupfen Sie die Farbe mit einem Läppchen aus feiner Seide ab.

Zum Tönen des Mundes verwendet man einen Grundierpinsel, damit die Farbe gleichmäßig verteilt wird. Die Farbe des Mundes läßt sich aufhellen, wenn Sie sie mit einem feinen Seidenläppchen oder einem sauberen, trockenen Grundierpinsel abtupfen. Der fertige Mund muß in der Farbe gleichmäßig sein, glatt aussehen und eine scharfe Kontur haben; jedes Verschmieren oder Verwischen ist ein grober Fehler.

Nachdem der Kopf gebrannt worden ist, orientieren Sie sich an den Malanweisungen für die gewählte Puppe. Um den Farbton an bestimmten Stellen zu verstärken und feine Glanzlichter zu setzen, verwenden Sie denselben Farbton wie vorher, diesmal sollte die Konsistenz der Mischung jedoch etwas trockener sein.

Das Brennen der Farben

Brennöfen für den Freizeitgebrauch sind häufig mit einem Überwachungsgerät ausgestattet, das die Temperatur eines Brennvorgangs regelt. Diese Vorrichtung ist an der Seite des Brennofens angebracht und durch einen Brennstab mit dem Ofeninneren verbunden. Ein kleines Stück Porzellan – der sogenannte »Kegel« – wird zwischen Kegelauflage und Brennstab festgehalten. Sobald eine gewisse Temperatur erreicht wird, biegt sich dieser »Kegel«, so daß am Überwachungsgerät eine Klappe fällt und das Heizelement des Ofens automatisch abgeschaltet wird. Für das Einbrennen von Porzellanfarbe verwendet man Kegel Nr. 018.

Wenn die Porzellanfarbe gebrannt werden soll, stellt man die Köpfe so in den Ofen, daß der Gesichtsteil nach innen zeigt.

Während der Kegel die Höchsttemperatur bestimmt, sorgt ein Regler im Heizelement für die Geschwindigkeit, mit der der Ofen während des Brennvorgangs aufgeheizt wird. Es ist wichtig, daß die Temperatur in der Anfangsphase des Brennvorgangs nicht zu schnell steigt. Nachdem man den Regler für den Anfang des Brennens auf Stufe 3 oder 4 eingestellt hat, hält man den Ofendeckel mit einem kleinen Zubehörteil offen, damit der Ofen belüftet wird. Nach etwa einer Stunde entfernt man vorsichtig das Zubehörteil, schließt den Deckel und stellt den Regler auf die höchste Stufe, um den Brennvorgang abzuschließen.

Hinweise zum Körper

Gelenkkörper haben den Vorteil, daß sich die Puppen in viele naturgetreue Positionen bringen lassen. Der Rumpf war ab Mitte des 19. Jahrhunderts aus Papiermaché, die Gliedmaßen aus Mischungen von Holz und Papiermaché. Gliedmaßen und Rumpf wurden mit Gummischnüren verbunden.

Wenn die Gummischnur, mit der die Puppe aufgezogen wird, zu unelastisch oder zu locker wird, muß sie erneuert werden. Dazu müssen Sie den Puppenkörper auseinandernehmen. Als Werkzeug brauchen Sie einen Metallhaken und eine Kneifzange. Die Schnur muß dreimal so lang sein wie der Körper. Sie wird dann auf die Hälfte zusammengelegt, um die Mitte festzustellen. Haken Sie den Aufziehhaken eines der Unterschenkel in die so gebildete Schlaufe (1). Nachdem Sie die Doppelschnur durch den Oberschenkel gefädelt haben, ziehen Sie sie durch den Rumpf. Legen Sie einen Bleistift über die Halsöffnung, um die Schnur vorübergehend festzuhalten (2). Führen Sie sie dann über den Bleistift durch die andere Seite des Rumpfes bis zum Loch am Oberschenkelgelenk. Fädeln Sie sie dann durch den Oberschenkel, bis sie am Knieloch herauskommt. Ziehen Sie die Schnur fest, um den Körper anzuspannen. Die doppelte Schnur wird dann über einem zweiten Bleistift festgeknotet. In die so gebildete Schlaufe wird der Aufziehhaken des anderen Unterschenkels eingehakt, anschließend wird der zweite Bleistift entfernt (3). Die Arme werden in ähnlicher Weise aufgezogen, nur muß die Schnur diesmal nicht aus dem Halsloch herausgeführt werden (4 und 5). Der Kopf wird in die Schnurschleife am Hals eingehakt, worauf der Bleistift entfernt wird (6). Wenn die Puppe Kugelgelenke hat, müssen Sie darauf achten, daß die Gummischnur jeweils durch die Kugel gefädelt wird.

Puppenkörper aus Leder oder Stoff waren ebenfalls beliebt, wobei diese Stoffe oft als Bedeckung für eine Schale bzw. ein Gerüst aus Metall verwendet wurde. Solche Körper wurden häufig mit Tierhaaren oder Sägespänen gestopft.

Um die Verbindung zwischen einem Kopf aus Biskuit und einem Körper aus Stoff oder Leder herzustellen, muß man ein Verbindungsstück in Form einer Schulterplatte aus Biskuit verwenden. Man darf nicht vergessen, durch das noch nicht gebrannte Biskuit dieser Schulterplatte kleine Löcher zu bohren, damit sich der Stoff an der Platte festnähen läßt. Bei Lederkörpern wurden Lederstreifen mit Tierleim aufgeklebt, um die Anschlußstellen der Biskuitteile mit dem Rumpf zu kaschieren.

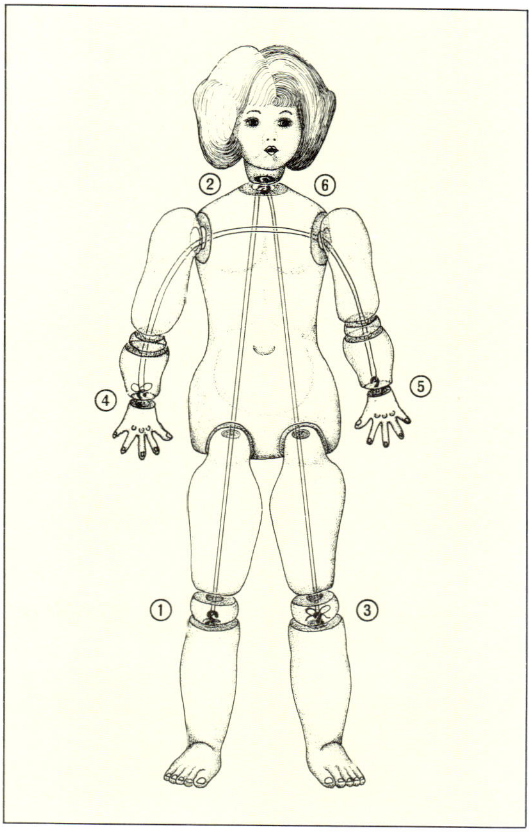

Das Besondere am Körper dieser Puppe ist, daß alle Glieder – sogar Handgelenke und Knöchel – mit Holzzapfen beweglich verbunden sind. Der Körper ist elfenbeinfarben lackiert. Die Bemalung des Gesichts aus weißem Porzellan ist sehr blaß, die Augenbrauen sind in einem Goldton gehalten. Die Augen selbst sind bemerkenswert groß und mandelförmig: das zarte Blau in der Mitte wird von dunklerem Blau umgeben. Dünn, wie mit einem Eyeliner gezogen, verstärkt eine schwarze Linie um das Auge die Mandelform. Die Nase ist klein und schmal mit weiten Nasenlöchern.

Die Puppe hat noch ihre alte Perücke, die etwas licht geworden ist, aber aus Mohair schön geformt wurde.

Michelles Kleidung (frühes französisches Design) besteht aus einem hellen, kaffeebraunen Kleid aus Baumwolle, möglicherweise »Payn's Best Irish Poplin« mit cremefarbenen Tressen und türkisen Borten. Von der Hüfte abwärts ist der Rock in Falten gelegt und mit aufgestickten Borten verziert, um die Seitenfalten in Form zu halten. Dazu passend, gibt es ein Cape, das auf der Brust über Kreuz gelegt und auf dem Rücken mit Haken und Öse zusammengehalten wird. Der fein getrimmte Strohhut vermittelt einen Hauch von Eleganz.

Die Ohrringe sind aus türkisfarbenem Glas, die Uhrkette und der -anhänger aus Bronze. Der Baumwollstoff des Regenschirmes ist mit Blumen bedruckt. Die Kombination wird durch hübsche türkisfarbene Lederschuhe abgerundet. Auf dem kleinen Foto links oben sehen Sie Michelle (rechts) zusammen mit Aimée (Mitte) von Jumeau (Seite 62) und Candice (links) von Bru (Seite 38).

»Michelle«
wahrscheinlich von Schmitt

Obwohl Michelle keine Signatur eines Herstellers trägt, handelt es sich um eine außergewöhnliche Puppe. Ich persönlich würde sie am ehesten Schmitt zuschreiben, da sie große Ähnlichkeit mit eindeutig zuzuordnenden Puppen dieses berühmten Herstellers hat. »Bébes Schmitt« gewannen beispielsweise 1878 auf der Pariser Ausstellung eine Silbermedaille. Bekannt war die Firma – ein Unternehmen zur Herstellung unzerbrechlicher Puppen – unter dem Namen Schmitt & Fils. Zwischen 1881 und 1885 begann sie Puppen in größerem Umfang zu exportieren. Die signierten Puppen tragen am Hinterkopf die Initialien S.C.H. und auf dem Körper ein in blauer Farbe auf den Rumpf gedrucktes Schild mit zwei gekreuzten Hämmern.

Michelles Körper ist nicht typisch für Schmitt (wahrscheinlich wurde er 1869 von Léon Casimir Bru patentiert).

Das Bemalen der unmarkierten Schmitt-Puppe

Die Puppe ist im Rohzustand eher reizlos, entwickelt aber mit dem Bemalen eine zarte und individuelle Persönlichkeit. Wenn Sie bislang erst wenige Puppen bemalt haben, können Sie vertrauensvoll an diese Arbeit herangehen. Sie ist der richtige Auftakt zu Ihrer Jackie-Jacobs-Sammlung.

Wenn Sie den Puppenrohling säubern, vergewissern Sie sich, daß die Augenhöhlen oval geformt werden. Nach dem Brennen polieren Sie den blanken Kopf mit einem Abschleifschwamm und spülen ihn in warmem Wasser. Danach trocknen Sie ihn sorgfältig mit einem fusselfreien Tuch. Bereiten Sie Ihre feinen Detailpinsel vor, indem Sie sie in Terpentin waschen, trocknen und in Kopaiva rollen. Überschüssiges Öl wird abgewischt, wobei Sie darauf achten, daß eine punktgenaue Pinselspitze erhalten bleibt.

Dann gieße ich im allgemeinen ein wenig Kopaiva auf eine saubere Kachel und streiche einen Teil davon auf die Seite, um es mit der Farbe zu mischen. Achten Sie darauf, daß das restliche Kopaivaöl nicht mit Ihrer Farbmischung zusammenrinnt, und verwenden Sie nicht zuviel davon für Ihre Mischung.

Zum Malen der Wimpern verwenden Sie schwarze Porzellanfarbe, in einer Mischung 2/3 Schwarz und 1/3 Kopaivaöl. Für die Augenbrauen nehmen Sie 1/2 Goldbraun, 1/4 Grün und 1/4

Bemalungsschema

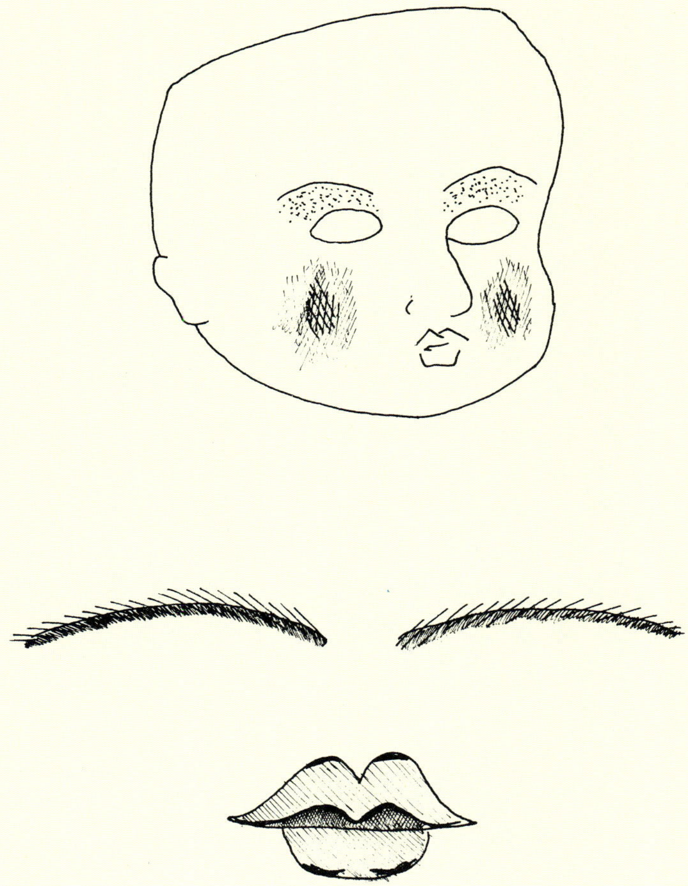

Farben

Wimpern	Schwarz
Augenbrauen	1/2 Goldbraun, 1/4 Grün, 1/4 Braun
Lippen	Französischrot
Wangenrot	Dunkelrosa
Schattierung zwischen Auge und Augenbraue	Hellblau (ist zur Wangenrotfarbe hinzuzufügen)

Braun und mischen diese Farben ebenfalls mit Kopaivaöl an. Zerdrücken Sie die Pulverfarbe im Öl, und mischen Sie das Ganze mit Ihrem Palettmesser ordentlich durch. Schaben Sie die Farbe mit der flachen Seite Ihres Messers zusammen. Mischen Sie nicht zuviel an. Die Konsistenz soll nicht zu ölig sein, aber doch flüssig genug, um den vorher eingeölten Pinsel säuberlich zu benetzen. Tauchen Sie Ihren Detailpinsel in der Mitte der Farbmischung ein, und rollen Sie ihn an der Seite Ihrer Fliese ab, damit sich eine schöne, scharfe Spitze ergibt. Probieren Sie auf der Fliese, wie fein der Strich wird. Vergewissern Sie sich dabei, ob die Farbe glatt vom Pinsel läuft. Wenn Sie Ihren Pinsel ordentlich vorbereitet und benetzt haben und Ihre Farbenmischung optimal ist, dann reicht die Farbe, die Sie jetzt auf dem Pinsel haben, für mehrere Wimpern der Puppe. Halten Sie den Pinsel aufrecht zwischen Daumen und Zeigefinger.

Die anderen Finger müssen immer am Kopf liegen, um die Hand ruhig zu halten. Mit der freien Hand drehen und neigen Sie jetzt den Kopf gleichmäßig, damit die Spitze Ihres Pinsels eine möglichst flache Fläche vorfindet. Beginnen Sie die Wimpern, indem Sie die Augenhöhlen an der Innenseite schwarz umranden. Verwenden Sie dabei die Seitenfläche Ihres Pinsels, und achten Sie sorgfältig darauf, nicht zuviel Farbe zu verwenden. Beginnend am Nasenrücken, zeichnen Sie nun die Wimpern, indem Sie den Kopf abwärts neigen und die Wimpern – beginnend mit

Augen und Augenbrauen, Detail der Nachbildung

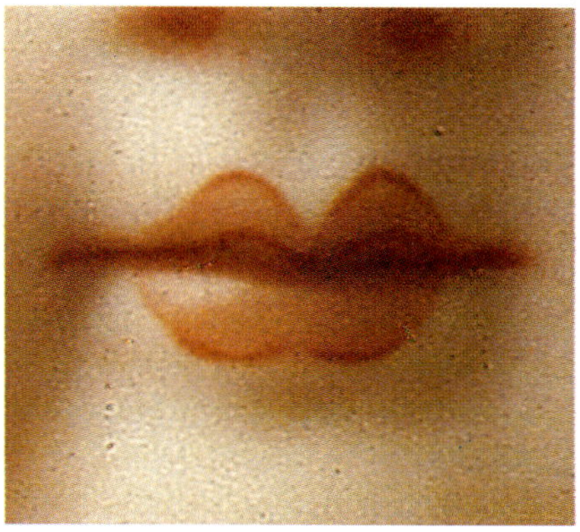

Lippen, Detail der Nachbildung

dem oberen Lid – als feine Linien ziehen, die leicht schräg zum äußeren Augenwinkel verlaufen. Für die unteren Wimpern drehen Sie den Kopf um. Sobald die Wimpern fertiggestellt sind, säubern Sie Ihren Pinsel und bewahren die restliche Farbe für weiteren Gebrauch auf.

Die Augenbrauen dieser Puppe sind sehr dünn, fein und hoch gewölbt. Für die linke Braue an der Nasenwurzel beginnend und mit seitwärts geneigtem Kopf, zeichnen Sie eine glatte, feine, bogenförmige Augenbrauenlinie. Danach malen Sie – wieder mit seitwärts geneigtem Kopf der Puppe – die rechte Braue, und zwar von der Schläfe zur Nasenwurzel. Tupfen Sie die Linien mit einem kleinen Stückchen feiner Seide ab, und prüfen Sie, ob Ihre Farbmischung nicht zu ölig ist. Benetzen Sie dann erneut den Pinsel, und malen Sie das Skelett, d. h. die kleinen, feinen Linien, die schräg über Ihre abgetupfte Grundlinie laufen. Lassen Sie dann die Augenbrauen leicht antrocknen, während sie den Mund malen. Dann schattieren Sie unter der abgetrockneten bogenförmigen Linie, indem Sie Ihren Pinsel leicht abgewinkelt halten und über den unteren Teil zarte schräge Linien malen.

Der Mund ist ein besonderes Merkmal dieser Puppe, da sie nur über sehr wenige detaillierte Schattierungen und Hervorhebungen verfügt. Mit Französischrot stellen Sie eine Mischung her, die etwas öliger ist, als die für Wimpern und Augenbrauen verwendete. Malen Sie die Grundformen, und trocknen Sie sie mit Seide ab. Malen Sie auch gleich die Punkte für die Nasenlöcher und für die Augeninnenwinkel. Der Kopf kann jetzt mit Kegel Nr. 018 gebrannt werden. Nach dem Brennen geben Sie zu Ihrer Farbmischung für den Mund noch etwas Farbe hinzu und verstärken die Tönung. Malen Sie die Hervorhebungen und die Schatten um den Mund, wie auf dem Bemalungsschema gezeigt. Die Punkte der Nasenlöcher sind jedoch noch etwas stärker hervorzuheben.

Nun können Sie mit dem Wangenrot beginnen. Wenn Sie möchten, können Sie den Kopf aber auch zuerst brennen, um ihn dann insgesamt zu tönen. Ich habe das bei dieser Puppe so gemacht. Andernfalls können Sie die Wangen röten sowie die Schattierungen zwischen Auge und Augenbrauen malen, bevor Sie den endgültigen Brennvorgang einleiten. Die Farben sind bei den beiden Methoden die gleichen.

Wenn Sie aber eine Tönung des gesamten Kopfes vornehmen, verwenden Sie auf dem Biskuit anstelle des Kopaivaöls zunächst Lavendelöl. Die Tönungsfarbe ist Dunkelrosa, angemischt mit Kopaiva. Einen Teil davon nehmen Sie und mischen auf einer zweiten Kachel Hellblau für die Schattierung zwischen Auge und Augenbraue dazu. Sie wird mit einem kleinen Stückchen sauberer Seide oder Baumwolle ganz zum Schluß gearbeitet. Wenn Sie Lavendelöl als Grundlage für einen Tönung des gesamten Kopfes verwenden, müssen Sie schnell arbeiten, da es verdunstet. Sie müssen lernen, die Geschwindigkeit Ihrer Auftupfbewegung anzupassen. Für die Gesamttönung verwende ich, wenn ich mit Lavendelöl als Grundstoff arbeite, anstelle des mit Seide umwickelten Schwammes ein kleines Stück Baumwolle als Bausch. Richten Sie sich mit der Farbdichte nach dem Bemalungsschema.

Ganz zum Schluß signieren Sie mit Ihrem Namen oder Ihrem Zeichen sowie mit dem Datum deutlich sichtbar auf dem Hinterkopf Ihrer Puppe.

Um Ihre Puppe fertigzustellen, brauchen Sie hellblaue Augen (12 mm ∅) und einen Gliederpuppenkörper. Michelle ist sehr selten, und es gibt keinen wirklich guten Ersatz für den Gliederkörper mit hölzernen Zapfengelenken. Ein französischer Puppenkörper Größe 27 sieht mit diesem Kopf allerdings recht gut aus. Eine andere Idee wäre es, einen Lederkörper zu verwenden und aus ihr eine große Modepuppe zu machen. Das Original ist tatsächlich ein »Übergangstyp« zwischen den Modepuppen mit Lederkörper und den Bébé-Puppen mit ihren Gelenkgliederkörpern. Schnittmuster sind für alle Puppen von Jackie Jacobs erhältlich. Meine Nachbildung trägt eine Kopie des Schmitt-Kostüms.

»Michelle«, Nachbildung von Carol Ann Stanton

»Charlotte« von Simon & Halbig (um 1890)

Ende des 19. Jahrhunderts wurden an den französischen und deutschen Biskuitpuppen eine Reihe von Verbesserungen vorgenommen, darunter vor allem Schlafaugen, die mit Gegengewichten funktionierten. Durch die Bleigewichte öffneten oder schlossen sich die Augen, wenn man die Puppe setzte oder sie zum Schlafen auf den Rücken legte.

Diese reizende Puppe »Simon & Halbig 949« ist ein wunderschönes Beispiel für die Qualität und die Handwerkskunst der Fabrik von Simon & Halbig in Gräfenhain/Thüringen. Hier wurden zahlreiche Puppenköpfe für den französischen Markt hergestellt, außerdem gehörte die Fabrik zu den wenigen, die komplette Puppen produzierte.

Die Kinder um 1890 hatten erheblich mehr Spielzeug als die Kinder früherer Zeiten. Wichtig ist, daß die Biskuitpuppen in Schönheit und Charme den französischen Bébés sehr ähnlich wurden, dabei aber als Kinderspielzeug viel billiger waren. Sie fanden eine große Verbreitung und wurden von vielen deutschen Fabriken in großen Mengen hergestellt, bis der Erste Weltkrieg die deutsche Industrie und damit auch die Spielzeugproduktion zurückwarf.

Charlotte ist eine sehr schöne Puppe. Sie hat einen geschlossenen Mund und besitzt Schlafaugen eines sehr frühen Typus. Der Biskuitkopf ist von hervorragender Qualität. Wie man der Fotografie entnehmen kann, ist auch die zarte Bemalung ganz ausgezeichnet gelungen. Der Sinn des Nachbildens von Puppen wird für den Sammler am Beispiel dieser reizenden Puppe besonders gut ersichtlich. Mit ihrem lieblich skizzierten, kindlichen Gesichtsausdruck ist sie eine Bereicherung für jede Sammlung. Besonders mag ich ihre reinseidene Kleidung im Stil König Edwards VII. Sie verleiht ihr die perfekte Ausstrahlung eines kleinen Kindes der damaligen Zeit, dem sie vielleicht gehört haben mag. Diese reizende Puppe spricht mich persönlich besonders stark an, da es viel Spaß macht, mit ihr zu spielen, und weil sie sich bei Ausstellungen wunderbar in meine Puppenvitrinen einfügt. Sie sieht besonders anziehend aus, wenn sie in einer Gruppe mit anderen kleineren Puppen zusammensteht. Ich persönlich mag die abgebildete Pose am liebsten: Charlotte zeigt ihrem Freund, einem alten englischen Teddybären, der vermutlich um das Jahr 1910 hergestellt wurde, Fotografien ihrer Originalfamilie.

Auf dem Bild links oben sehen Sie Charlotte mit einer entzückenden Kopfbedekkung, die ganz wunderbar zu ihr paßt. Sie ist leicht herzustellen und verwandelt ein gewöhnliches Kleid aus den 90er Jahren des 19. Jahrhunderts in ein aufregendes und begeisterndes Modell.

Das Bemalen der Simon & Halbig 949

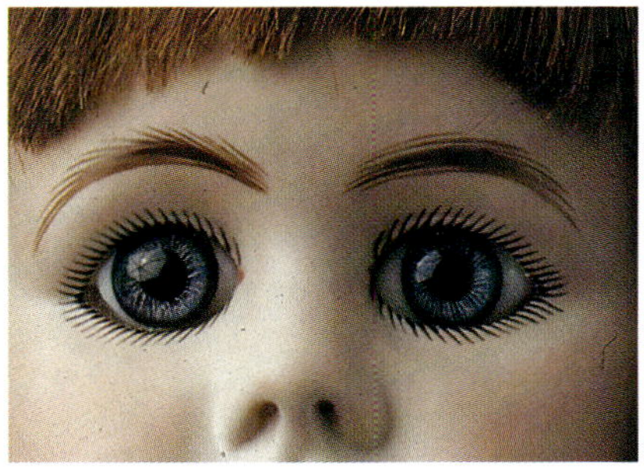

Augen und Augenbrauen, Detail der Nachbildung

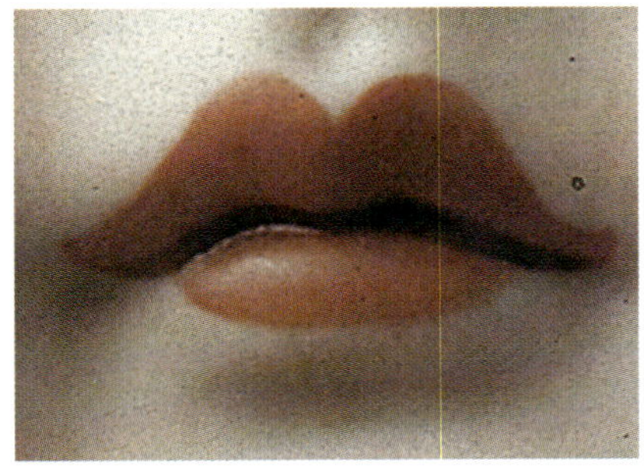

Lippen, Detail der Nachbildung

Das Schönste an der Kunst der Nachbildung ist, daß ich die »Schwestern« all jener Puppen jetzt bei mir habe, die ich so lange bei Jackie Jacobs bewunderte.

Charlotte ist ein perfektes Kind, ein Schatz und eine Freude beim Bemalen. Ich kann Ihnen versprechen, daß sie jedermanns Liebling werden wird.

Als ich den Stil ihrer Bemalung und die Farben untersuchte, stellte ich fest, daß sie genauso bemalt worden war wie die besten französischen Puppen, wobei auch eine ähnliche Farbgebung gewählt wurde.

Wie bei allen Puppen beginnen Sie mit dem Bemalen des blanken Kopfes, nachdem er geschliffen, gewaschen und getrocknet wurde. Ich habe für alle Puppen deutsche Porzellangießmasse verwendet und bin mit dem Ergebnis sehr zufrieden. Alle gewählten Farben ergänzen das Biskuit und geben die Originalpuppen so genau wie möglich wieder.

Beginnen Sie mit den Wimpern, indem Sie Ihren Detailpinsel wie auf Seite 21 beschrieben vorbereiten. Sie verwenden dazu schwarze Porzellanfarbe. Malen Sie kurze, feine Wimpern, die sich leicht zu den Ohren hin neigen. Beginnen Sie die Wimpern immer am inneren Winkel des oberen Augenlids. Damit ist sichergestellt, daß Sie genau den richtigen Stil treffen.

Ich ziehe es vor, die Wimpern zu malen, indem ich die Farbe von

Bemalungsschema

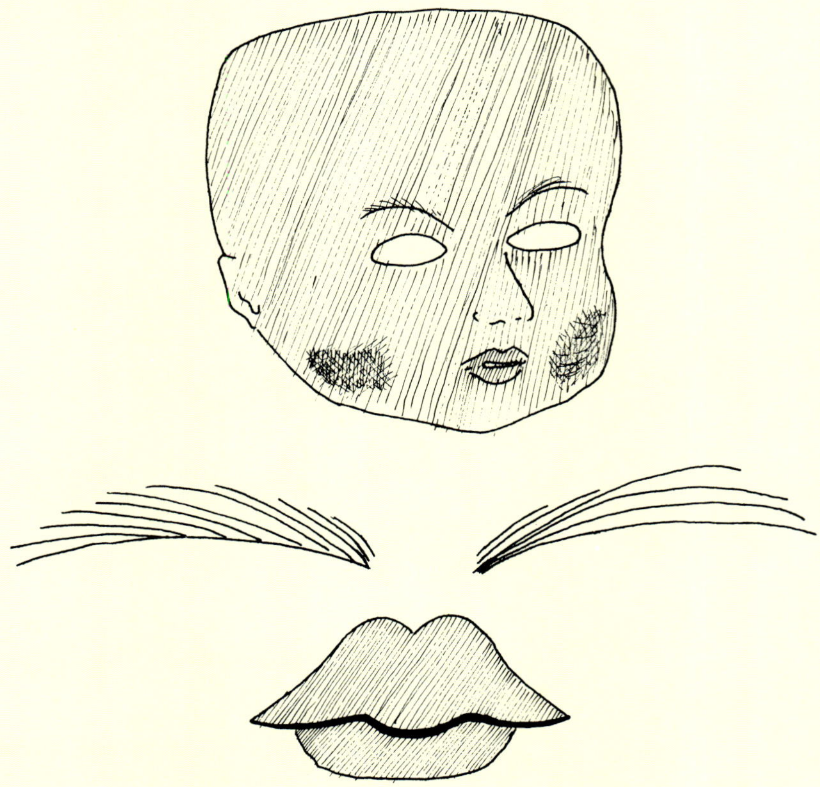

Farben

Wimpern	Schwarz
Augenbrauen	1/2 Dunkelbraun, 1/4 Hellbraun, 1/4 Braun
Lippen	Pompadourrot
Wangenrot	Blutrot

mir wegstreiche, d. h., ich beginne am Auge und streiche zum Lid hin, wobei die Pinselspitze nach unten zeigt. Die kurzen, borstigen Wimpern sind an der Wurzel dicker. Sie erreichen diesen Effekt, indem sie die Spitze des Pinsels leicht gegen den Rand des Augenlids drücken, bevor Sie mit dem Strich beginnen. Am Ende des Pinselstrichs hebe ich den Pinsel ein wenig an, damit die Spitze der Wimpern fein ausläuft. Sie heben den Pinsel am Ende der Wimper in eine genau senkrechte Position. Wenn ich dann die untere Wimpernreihe arbeite, drehe ich den Puppenkopf einfach herum.

Zusätzlich hat diese Simon & Halbig-Puppe um die Augenhöhle herum einen schwarzen Rand. Sowohl er als auch die Wimpern sind mit reinem Schwarz gemalt. Sorgen Sie unbedingt dafür, daß Ihre Farbe ordentlich und nicht mit zuviel Öl angemischt wurde.

»Charlotte«, Nachbildung von Carol Ann Stanton

Die Augenbrauen sind sehr interessant. Ich habe mir Jackies Puppe unter einem starken Vergrößerungsglas angesehen. Sie erlaubte mir auch, Farben zu mischen und sie direkt auf ihren wertvollen Puppen auszuprobieren (nachher wischte ich sie natürlich weg!). Mischen Sie die Farbe für die Brauen aus Kopaivaöl mit 1/2 Dunkelbraun, 1/4 Hellbraun und 1/4 Braun. Zunächst malen Sie Ihre Grundlinien wie auf dem Bemalungsschema angegeben und dunkeln sie dann zu einer dickeren »Ein-Strich-Augenbraue« ab, die später (siehe unten) weiter ausgearbeitet wird. Bei einigen der billigeren deutschen Puppen hat man übrigens an diesem Punkt mit der Brauenbemalung aufgehört.

Während Sie den Mund malen, lassen Sie die Wimpern und die Brauen trocknen. Stellen Sie aus Pompadourrot und Kopaivaöl eine leicht ölige Mischung her. Malen Sie einen wunderschönen, weichen Mund, indem Sie einen Katzenzungenpinsel verwenden. Trocknen Sie ihn nicht ab! Beenden Sie nun die Augenbrauen, indem Sie einem Teil Ihrer Mischung für den Mund ein wenig Dunkelbraun und ein wenig Braungrün, hinzufügen. Malen Sie die Linien über und unter ihre Grundlinien, und schattieren Sie.

Nach dem Brennen schattieren Sie die Mitte der Lippen mit dem restlichen Pompadourrot wie auf dem Bemalungsschema zu sehen. Am Mund finden sich keine akzentuierten Linien. Tönen Sie das gesamte Gesicht entsprechend dem Bemalungsschema mit Blutrot. Vergessen Sie nicht, die Puppe mit Ihrem Namen und dem Datum zu signieren, was Sie ja immer machen müssen, und brennen Sie sie. Sie komplettieren die Puppe mit großen, dunkelblauen Augen (22 mm ∅) und einem französischen Puppenkörper Größe 47.

»Lavinia« Modepuppe von Bru

Nur wenige Sammler bleiben gelassen, wenn der Name Bru fällt. Bru-Puppen haben ein sehr realistisches Aussehen und strahlen eine sehr starke Persönlichkeit aus; dazu sind sie alle ein Aushängeschild wunderbarer Handwerksarbeit. Das Biskuit ist fast ausnahmslos hervorragend, und die außergewöhnlichen Paperweight-Augen sind unergründlich tief.

Léon Casimir Bru gründete die Firma Bru Jeune & Cie im Jahre 1866. Sie stellte neuartige Puppen aus Gummi, Porzellan und Biskuit her. Die Körper bestanden aus weißem oder rosa Ziegenleder, waren steif oder mit Gelenken versehen; angeboten wurden auch hölzerne Körper mit Zapfengelenken. Am bekanntesten war das Unternehmen für die feine Wäscheausstattung, die die jeweils letzte Mode imitierte und zusammen mit der Puppe gekauft werden konnte. Die französische Modepuppe spiegelte sehr genau die französische Gesellschaft und ihre unterschiedlichen Modetrends wieder. Bei der Ausstellung im Jahr 1978 gewann Bru hinter Jumeau die Silbermedaille.

Da die Puppen des Hauses Bru nur in begrenzter Auflage hergestellt wurden, sind sie ein begehrtes Objekt. Die Puppen wurden in unterschiedlichen Designs hergestellt, von eleganten Damen über feinstens ausgestattete Fräuleins bis zu grobgesichtigen Kindern reichte die Bandbreite.

Wir haben diese wundervolle »Mona Lisa«-Mode-Bru für Sie ausgewählt, um sie zu kopieren. Lavinia ist das liebreizende Beispiel einer Damenpuppe von Bru. Besondere Merkmale sind ein für Damen um 1860 geradezu klassischer Gesichtsausdruck und jenes geheimnisvolle, kleine Lächeln, das ihr bei jedermann den Namen Mona Lisa eingebracht hat. Lavinias Kleid ist aus reiner, rosa Brokatseide. Darunter trägt sie eine Krinoline.

Ihr Haar ist über der Stirne kurz gelockt und im Rücken zu einem Zopf geflochten. Sie trägt rosaseidene Ballettschuhe mit seidenen Bändchen um die Gelenke. Der Körper besteht aus handgenähtem Ziegenleder mit hölzernen Armen auf Zapfengelenken. Die Kopie der Puppe sieht auch mit einem Körper aus reinem Ziegenleder sehr gut aus; viele Originalmodepuppen haben ohnehin nur die normalen aus Ziegenleder genähten Hände.

Das Bemalen der Modepuppe von Bru

Diese Puppe ist nicht schwierig zu bemalen. Wenn man sorgfältig arbeitet, erzielt man leicht ein sehr gutes Ergebnis.

Was mir als erstes an dieser Puppe (wie auch an Modepuppen von Huret) auffiel, war das starke Wangenrot. Es ist verblüffend, wie viele vorgefaßte Meinungen sich als falsch erweisen, wenn man die Originalpuppen sieht. Im allgemeinen wird angenommen, daß die sogenannten »Modepuppen« oder Erwachsenenpuppen alle sehr blaß sind, um das Schönheitsideal dieser Epoche umzusetzen. Diese ‚Bru-Dame hat jedoch eine sehr gesunde Gesichtsfarbe. Ich bemalte einen gebrannten, aber unbemalten Biskuitkopf, bevor ich zu Jackie Jacobs fuhr, um ihn mit dem Original zu vergleichen. Ich hatte eine recht gute Fotografie als Vorlage gehabt und war erstaunt, daß meine Farbtöne im direkten Vergleich mit der alten Puppe ziemlich falsch waren. Der Grund dafür ist wohl darin zu suchen, daß beim Fotografieren und beim Herstellen von Fotoabzügen die Farben jeweils leicht verändert werden. Meistens werden sie etwas rotstichig. Die Farbmischungen aber, die ich Ihnen in diesem Buch empfehle, wurden alle bei Tageslicht direkt auf dem Kopf der Originalpuppe ausprobiert. Ich sage hier bewußt Tageslicht, da sich das Aussehen einer Puppe je nach dem Licht, in dem sie präsentiert wird, erheblich verändert.

Augen und Augenbrauen, Detail der Nachbildung

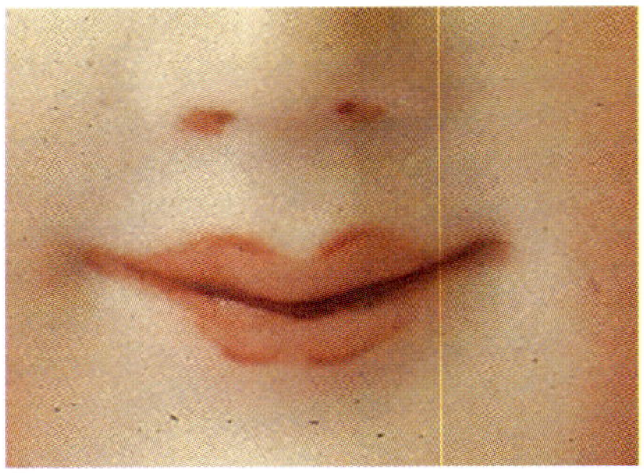

Lippen, Detail der Nachbildung

Bemalungsschema

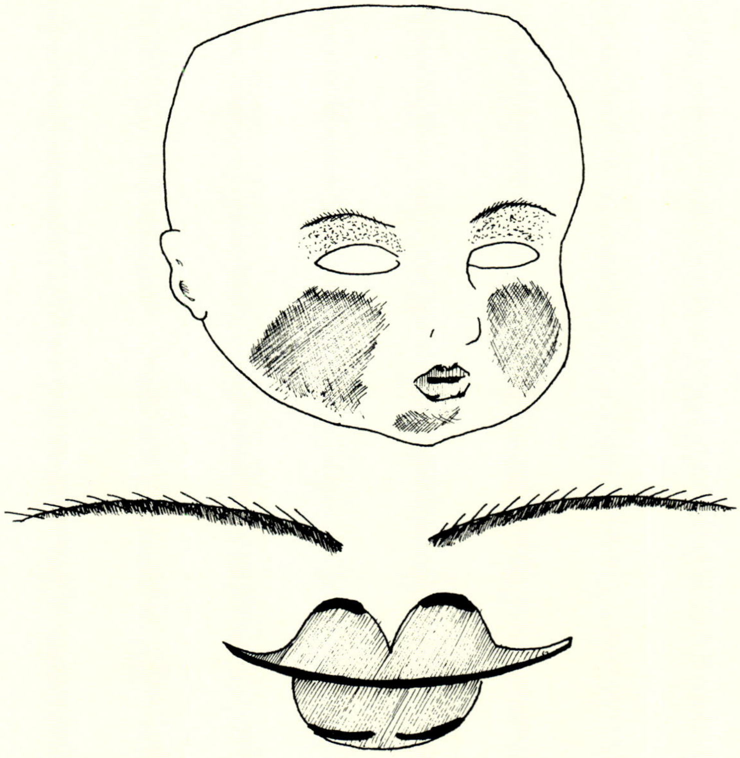

Farben

Wimpern	Schwarz
Augenbrauen	2/3 Dunkelbraun, 1/3 Grün
Lippen	Pompadourrot
Wangenrot	1/2 Pompadourrot, 1/2 Blutrot
Schattierung zwischen Auge und Augenbraue	Dunkelgrau (ist zur Wangenrotfarbe hinzuzufügen)

Ein seriöser Nachbildungskünstler muß sich immer wieder um die richtige Qualität des Porzellans, der Lichtreflexion und der Farbtiefe kümmern, um gute Ergebnisse zu erzielen. Es ist (leider) eine unverrückbare Tatsache, daß sogar eine schlecht bemalte Puppe wie eine authentische Nachbildung aussieht, wenn man ihr wunderschöne Augen einsetzt, ihr alte Kleider anzieht und sie in einem möglichst schwachen Kunstlicht präsentiert. Ich persönlich bin jedoch der Ansicht, daß nur dann ein gutes Ergebnis erzielt wird, wenn Mischung und Anpassung der Farben an die der alten Puppe bei Tageslicht erfolgen. Wir beginnen nun die Augenwimpern der lächelnden Bru-Puppe in Schwarz zu malen. Sie sind nicht übertrieben, sondern fein, leicht schräg und verstärken die Mandelform des Auges. Der Innenrand der Augenhöhle wird mit einer schwarzen Linie versehen. Die Augenbrauen bestehen aus einer Reihe kurzer, schräger Pinselstriche durch eine bogenförmige Linie, unter der später schattiert wird. Mischen Sie 2/3 Dunkelbraun und 1/3 Grün für die dem Bemalungsschema zu entnehmenden Grundlinien. Malen Sie sie zunächst eher dünn, verdikken Sie sie dann leicht, und trocknen Sie sie mit Seide ab. Neigen Sie die kurzen, feinen Schräglinien so, daß sie zu den Ohren hin leicht schräg stehen. Malen Sie die Form des Mundes, die Punkte der Nasenlöcher und die Augenwinkel mit Pompadourrot und brennen Sie den Puppenkopf anschließend.

»Lavinia«, Nachbildung von Carol Ann Stanton

Nach dem Brennen fügen Sie die Linie zwischen den Lippen und die kleinen Betonungen ein (siehe Bemalungsschema). Vertiefen Sie auch die Farbe der Nasenlöcher und der Augenwinkel.

Röten Sie die Wangen, wie auf Seite 17f. beschrieben, wobei Sie sorgfältig darauf achten müssen, daß die Wangen rosig sind und sanft in den Hautton übergehen. Dafür verwenden Sie 1/2 Pompadourrot und 1/2 Blutrot. Fügen Sie der Mischung Dunkelgrau zu, und schattieren Sie zwischen Auge und Augenbraue.

Danach signieren Sie mit Ihrem Namen und dem Datum, wie Sie das ja bei all Ihren Nachbildungsarbeiten tun müssen. Danach brennen Sie den Kopf. Die Puppe wird fertiggestellt, indem Sie eine Brustplatte aus Biskuit (M 182), Biskuithände und einen Lederkörper (LH 33) verwenden. Die Puppe sieht mit dunkelblauen, grauen, hellblauen oder sogar strahlend blauen Augen (8 mm ∅) gleichermaßen hübsch aus. Das Schnittmuster für ihr Kostüm ist im Handel erhältlich. Vielleicht möchten Sie für sie auch einen altmodischen Koffer für ihre Kleider, Wäsche mit Miniaturaccessoires und einen Sonnenschirm basteln. Denken Sie daran, was für ein wunderschönes Bild sie bei Ihnen zu Hause abgeben wird. Sie ist mit Sicherheit ein elegantes Ausstellungsstück und ein Gesprächsthema für alle Ihre Freundinnen!

»Candice« Breveté-Bru (um 1870)

Deutschland gehörte zu den Ländern, die in der Puppenindustrie und im Exportmarkt schon früh eine führende Stellung einnahmen. Es ist schwer zu sagen, wann genau die französischen Bébés, die drei Jahrzehnte lang eine beherrschende Stellung auf dem Puppenmarkt einnahmen, zu den neuen Aristokraten der Puppenwelt wurden. Sie wurden so populär, daß sie um das Jahr 1870 herum die gesamte Herstellung von Puppen revolutionierten. Wachspuppen, meist aus England, hatten bis dahin den normalen Bedarf gedeckt. Die französischen Puppen aber waren in ihrer Grazie, in ihrer Eleganz und mit ihrem oft sehr hohen Anschaffungspreis wie geschaffen dafür, weiterreichende Bedürfnisse zu befriedigen. Die frühen französischen Puppen hatten oft wunderschöne Porzellanköpfe. Einige hatten drehbare Hälse und eingesetzte Paperweight-Augen. Perücken aus Echthaar oder Schaffell schmückten die Köpfe.

Candice, diese wunderbare Bru-Breveté, hatte einen hölzernen Körper mit Zapfengelenken. Ihr Biskuitkopf ist wunderschön blaß gefärbt. Statt des Holzkörpers mit Zapfengelenken kann auch ein Gelenkkörper mit steifen Handgelenken genommen werden. Der französische Matrosenanzug entstand um 1880. Er besteht aus einem Rock mit Mieder und Kellerfalten sowie einer langen Jacke mit Aufschlägen, die zugeknöpft werden kann, so daß ein leicht blousonartiger Effekt entsteht. Die Stiefel sind aus weichem, bronzefarbenem Leder, auf dem ein B in einem Kreis zu sehen ist.

Auf den kleinen Fotografien zeigt Candice ihre Unterwäsche aus feinem Batist. Beachten Sie den Fischgrätstich, der für Puppenkostüme gern genommen wurde.

Das Bemalen der Breveté-Bru

Alle Puppen in der Sammlung von Jackie Jacobs sind mir so lieb wie meine Freundin selbst. Ich glaube, daß das bei Puppensammlern nichts Seltenes ist. Wir stellen unsere Puppenfavoritinnen mit den Menschen gleich, denen sie gehören. Auch Puppenhändler sind bei Personen, von denen sie Puppen kaufen, sehr abergläubisch. Oft bevorzugen sie jemanden, nur weil seine Puppen glücklich aussehen. Das alles ist Teil jener seltsamen Phänomene, die wir die »Puppenwelt« nennen.

Die Breveté-Bru ist eine historisch bedeutsame Puppe. Ich bin mir sicher, daß es Ihnen ebensoviel Spaß machen wird wie mir, sie herzustellen. Ihr einzigartiger Charme ist sehr subtil und könnte durch ein Übermalen ihrer Merkmale leicht verdorben werden. Jedesmal, wenn ich eine Puppe zum ersten Mal bemale, verbringe ich vorher lange Zeit damit, sie zu studieren und ihre Merkmale zu analysieren. Dabei versuche ich, gefühlsmäßig zu erfassen, wie denn die Porzellanmaler vor mehr als hundert Jahren an dieser bestimmten Puppe gearbeitet haben mögen. Es ist sehr interessant zu beobachten, daß die Malstile von ausgefeilt bis einfach variieren, gleichgültig, welche Form bemalt wurde. Die Handwerkskunst wurde damals von einem Arbeiter an den nächsten weitergegeben. Oft waren sogar Familien mit der Malarbeit beschäftigt, auch Kinder wurden zu dieser Arbeit herangezogen.

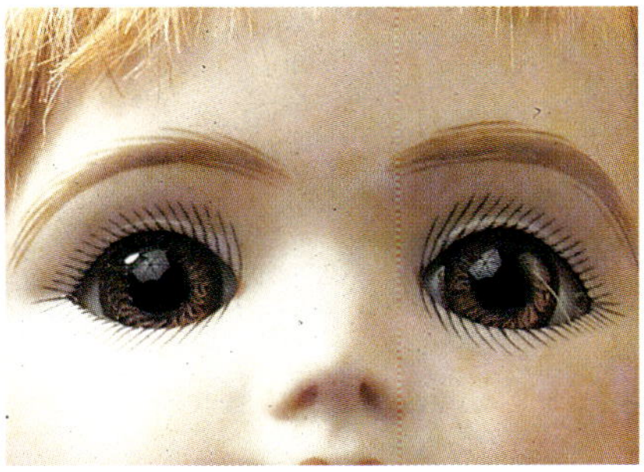

Augen und Augenbrauen, Detail der Nachbildung

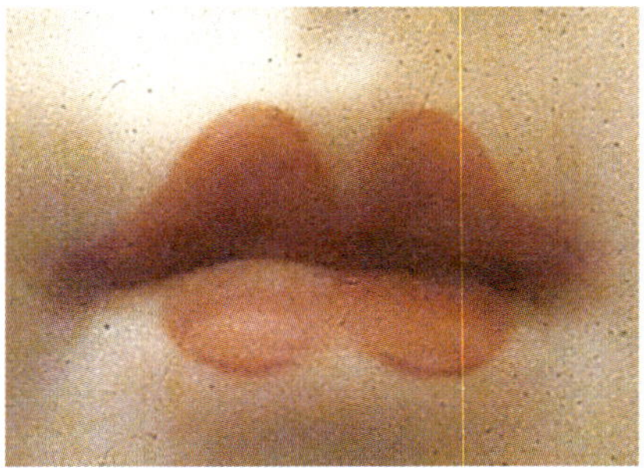

Lippen, Detail der Nachbildung

Bemalungsschema

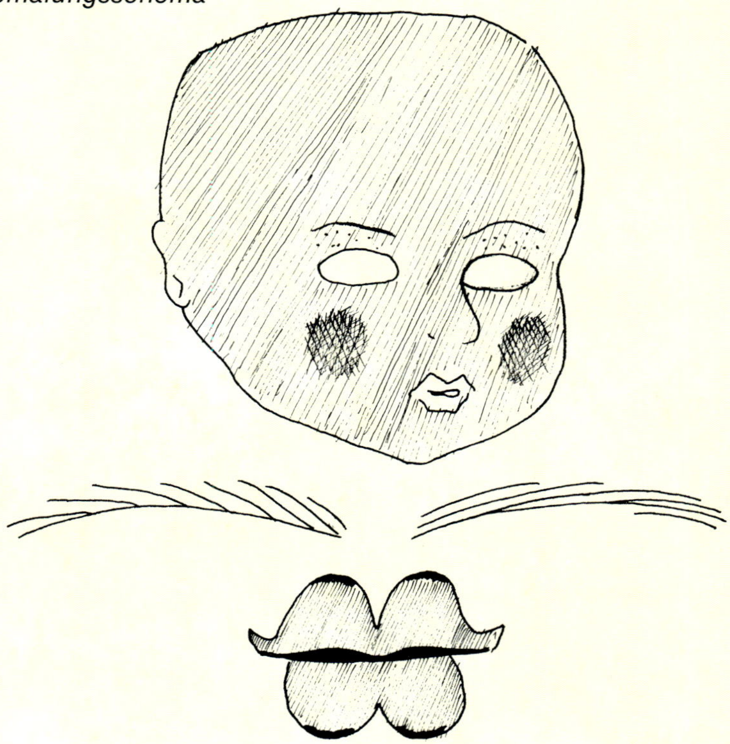

Farben

Wimpern	Grauschwarz
Augenbrauen	1/2 Braun, 1/4 Dunkelbraun, 1/4 Grün
Lippen	Französischrot
Wangenrot	Dunkelrosa
Schattierung zwischen Auge und Augenbraue	Hellblau (ist zur Wangenrotfarbe hinzuzufügen)

Beginnen Sie das Bemalen mit den Wimpern, und verwenden Sie Grauschwarz. Beachten Sie, daß die Wimpern bei der Nase kürzer beginnen, dann länger und zum äußeren Augenwinkel der mandelförmigen Augen hin wieder kürzer werden. Umranden Sie die Augenhöhle. Die Augenbrauen sind aus einem zarten Goldbraun. Ich erreiche diesen Farbton durch die Mischung von 1/2 Braun, 1/4 Dunkelbraun und 1/4 Grün. Malen Sie zuerst die Grundlinie wie auf dem Bemalungsschema angegeben. Prüfen Sie nochmals Ihre Farbmischung, und schattieren Sie zwischen den Linien. Wenn ich die Brauen arbeite, neige ich den Kopf leicht zur Seite. So werden die feinen Grundlinien besser hervorgehoben, während ich zwischen ihnen schattiere. Wenn Sie mit den Augenbrauen zufrieden sind, mischen Sie Französischrot mit Kopaivaöl, bis Sie eine leicht ölige Konsistenz erreichen. Dann malen Sie einen weichen Mund. Beachten Sie, daß die Oberlippe einen herzförmigen Bogen und die Unterlippe einen vertieften Bogen hat. Achten Sie sorgfältig darauf, daß der untere Bogen nicht so groß (tief) ausfällt wie der obere. Malen Sie die Punkte der Nasenlöcher und der inneren Augenwinkel. Dann brennen Sie den Puppenkopf.

Die Tönung ist besonders wichtig, da die Puppe dabei den weichen, pfirsichartigen Schimmer erhält, der sie so verführerisch macht. Nachdem Sie mit Französischrot die feinen Akzentlinien um den Mund und die Nasenpunkte verstärkt haben, bringen Sie etwas Lavendelöl auf das Biskuit auf und tupfen den ganzen Kopf mit Dunkelrosa ab. Halten Sie sich beim Wangenrot an das Bemalungsschema, achten Sie sorgfältig darauf, daß die Farbe am Rand sehr zart wird, so daß sie ganz allmählich in den Hautton übergeht.

»Candice«, Nachbildung von Carol Ann Stanton

Fügen Sie nun der Farbe für das Wangenrot etwas Hellblau bei, und schattieren Sie damit die Gegend zwischen den Augen und den Augenbrauen.

Fertiggestellt wird Ihre kleine Bru dann mit einem französischen Puppenkörper Größe 32 und großen, braunen Glasaugen (14 mm ∅). Das Original trägt zwar eine Schaffellperücke. Die Puppe wird aber auch dann noch authentisch wirken, wenn sie eine Echthaar- oder Mohairperücke trägt.

»Louisa« Charakterpuppe von Bru

Oft passiert es ganz unerwartet, daß man durch eine Puppe an jemand ganz Bestimmten erinnert wird. Durch nichts könnte deutlicher werden, wieviel Charakter ein Puppengesicht haben kann. Louisa ist eine sehr ungewöhnliche Bru Bébé. Auf dem Hinterkopf befindet sich keine Markierung, aber wie auch Lavinia trägt Louisa das Wort »DEPOSE« (von französisch déposer = anmelden) auf der Oberseite der Stirn. Möglicherweise hat Bru das einmal erfolgreiche Design bei den späteren Serien der Bébépuppen wiederverwendet.

Louisa ist das Abbild eines etwa fünfjährigen Mädchens. Ihre Gesichtszüge wurden sehr prägnant gestaltet; bemerkenswert die leicht gekrümmt modellierte Nase und die Andeutung eines Lächelns. Die Augenbrauen sind mittelbraun und wunderschön geschwungen. Über der Nasenwurzel berühren sie sich beinahe. Der Mund besteht aus einem stark betonten Kunstbogen und schwingt an den Enden zu einem geheimnisvollen Lächeln aus. Die blauen Paperweight-Augen sind zwar nicht übergroß, dennoch blicken sie wach und interessiert. Die Augenhöhle wird durch einen schwarzen Augenstrich hervorgehoben.

Der Rumpf ist gepreßt, die mit Handgelenken versehenen Arme bestehen aus Holz. Der etwas schwere Körper wirkt untersetzt.

Louisa ist mit einem französischen Spielkleid (im Rücken geöffnet und am Hals mit Knöpfen zu verschließen) ausgestattet. Der Gürtel wird im Rücken verknotet, so daß er quasi als Schärpe über die Hüften läuft. Das Kleid ist aus feiner, ungleichmäßig marineblau, rot und weiß karierter Baumwolle. Zum kirschroten Kragen passen die mit Fischgrätstich bestickten Manschetten.

Louisa ist ein glückliches Mädchen. Ich bekam sie mit Extrakleidern und zwei Hüten. Wie Sie aus der rechten Fotografie ersehen können, ist einer der Hüte ein sehr großer, roter Tam-O'Shantor-Hut, der aus einem feinen, weichen Wolltuch in Rot gearbeitet wurde.

Der andere, in der Abbildung links, ist ein hübsch gestrickter Hut mit Pompon. Die cremefarbenen Strümpfe sind aus maschinell hergestellter Spitze, die Schuhe aus bronzefarbenem Leder mit angesetzten Knöchelschützern.

Das Bemalen der Charakterpuppe von Bru

Diese Bru-Puppe unterscheidet sich recht deutlich von den Vorhergehenden. Es macht besonders viel Spaß, sie herzustellen, da sie eine starke, ausgeprägte Persönlichkeit hat.

Die Puppe ist ein Beispiel dafür, wie kunstvoll es die Originalpuppenhersteller verstanden haben, ihre Entwürfe zu verwerten. Ein und derselbe Entwurf wurde immer wieder verändert, um unterschiedliche Puppenserien herzustellen. Man änderte einfach die Art der Bemalung oder die Methode zur Säuberung des Rohlings, manchmal auch beides. Sie können selbst beobachten, wie sehr die Charakter-Bru hier der Modepuppe von Bru auf Seite 34 ähnelt. Sie wurde in gleicher Größe mit einem Lederkörper hergestellt.

Die Bemalung der Charakterpuppe aber wurde absichtlich so verändert, daß ein eher kindlicher Gesichtsausdruck entstand. Ihre Wimpern sind sehr lang und fein. Verwenden Sie Grauschwarz, und bemalen Sie auch den Innenrand der Augenhöhle. Das tun Sie am besten, nachdem Sie die Wimpern fertiggestellt haben. Zwar haben die Originalporzellanmaler das Auge immer zunächst mit Farbe gerändert und dann erst, ausgehend von diesem Rand, die Wimpern gemalt. Dies führte jedoch oft zu Farbtupfern auf dem Augenlid, die Sie bei vielen der Originalpuppen entdekken können.

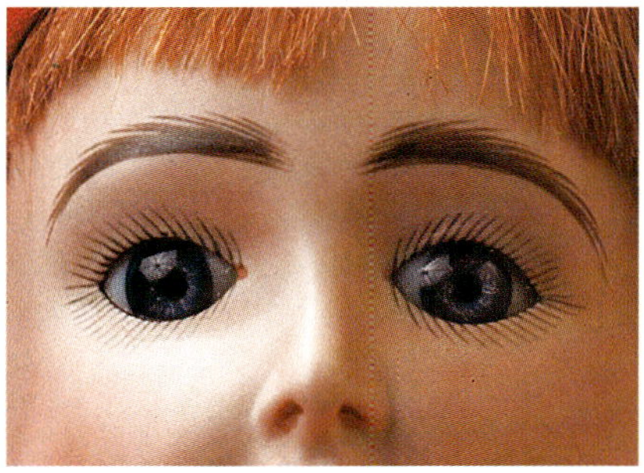
Augen und Augenbrauen, Detail der Nachbildung

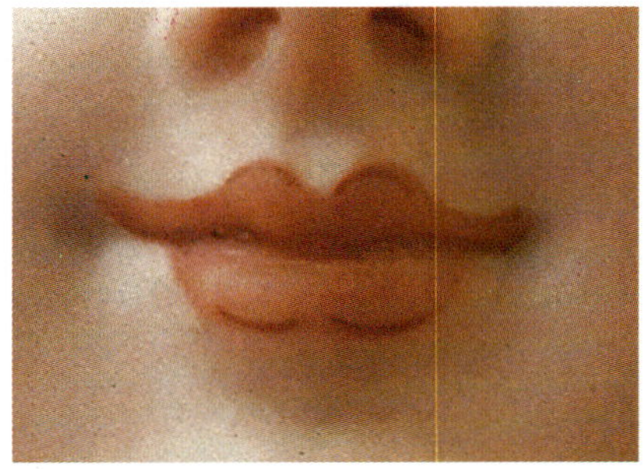
Lippen, Detail der Nachbildung

Bemalungsschema

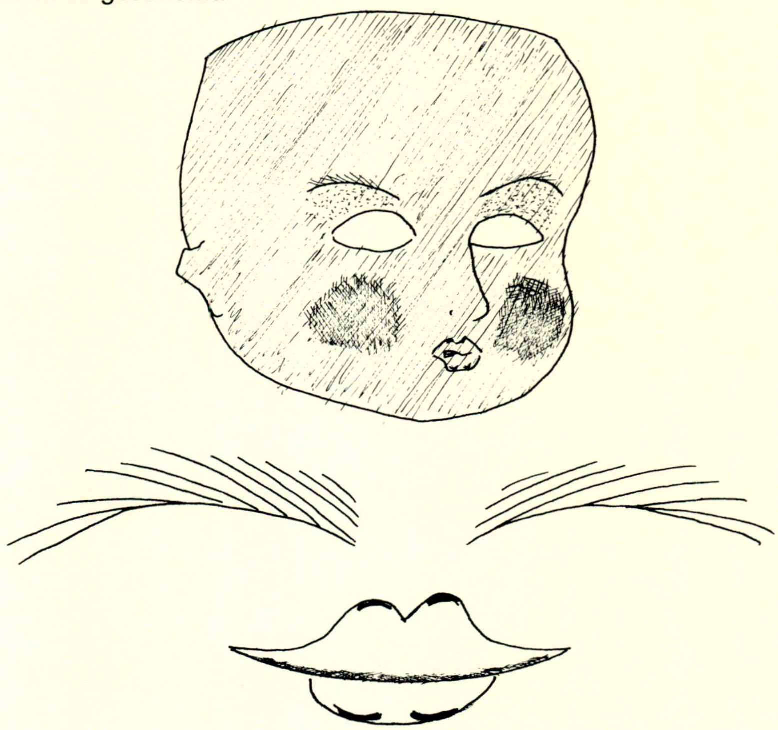

Farben

Wimpern	Grauschwarz
Augenbrauen	1/2 Mittelbraun, 1/2 Hellbraun, eine Prise Schwarz
Lippen	Französischrot
Wangenrot	1/2 Pompadourrot, 1/2 Blutrot
Schattierung zwischen Auge und Augenbraue	Hellblau (ist zur Wangenrotfarbe hinzuzufügen)

Der Hauptunterschied zwischen dieser und anderen Bru-Puppen ist die Änderung im Stil der Augenbraue. Die feinen Linien haben nicht die federartige Struktur wie bei den anderen Puppen; zudem sind sie dunkler. Verwenden Sie für die Brauen 1/2 Mittelbraun und 1/2 Hellbraun mit einer Prise Schwarz. Vergewissern Sie sich, daß sie die ersten Grundlinien an der richtigen Stelle malen, bevor Sie das Skelett hinzufügen. Beachten Sie, daß die Augenbrauen an der Nasenwurzel enger zusammenstehen als bei anderen Bru-Puppen. Sobald Sie die Augenbrauen dann schattiert haben, bemalen Sie die Grundform des Mundes, die Nasenlöcher und die inneren Augenwinkel in Französischrot. Tupfen Sie den Mund ab, aber aufpassen, daß er nicht zu blaß wird! Nach dem Brennen vertiefen Sie die Kontur rund um den Mund und fügen die Betonungen dazu. Dasselbe gilt für die Tönung der Nasenlöcher und der inneren Augenwinkel. Da bei allen Puppen vor einer Tönung des gesamten Gesichts Lavendelöl auf dem Biskuit verteilt wird, kann es sein, daß Sie es leichter finden, vor dem Tönen zu brennen.

Wischen Sie vor der Tönung des Gesichts überschüssiges Öl immer ab, und denken Sie daran, daß Lavendelöl schneller verdunstet und trocknet als Kopaivaöl. Tönen Sie das gesamte Gesicht und die Wangen mit einer Mischung aus 1/2 Pompadourrot, 1/2 Blutrot und Kopaivaöl.

Mischen Sie dann ein wenig Hellblau dazu, um zwischen Auge und Augenbraue zu schattieren.

»Louisa«, Nachbildung von Carol Ann Stanton

Um Ihre Charakterpuppe zu vollenden, benötigen Sie dunkelblaue Augen (16 mm ∅) und einen französischen Puppenkörper Größe 32. Für das Kostüm sind Schnittmuster erhältlich.

»Jacqueline« Zigeunerpuppe von Bru

Eine wunderschöne Bru, vielleicht die originellste und phantasievollste der französischen Bébés, die bei den Sammlern als herausragendes Beispiel für die exzellente Handwerksarbeit des Herstellers gilt. Die Bru-Puppen entwickelten sich aus den komplizierteren Pariser Puppen, so daß viele von ihnen einen aus Ziegenleder genähten Körper mit Unterarmen aus Porzellan haben. Andere wiederum zeigen einen wunderschön geformten Körper mit Metallgelenken, die in Ziegenleder eingenäht sind. Der unglasierte Porzellankopf ist mit einer ebensolchen Schulterpartie verbunden. Die Details dieser Schulterpartie sind so lebensecht, daß sogar die kindlichen Brustwarzen leicht mit Rosa angedeutet wurden.

Diese Bébés waren – mit eleganten Kostümen und feinen Juwelen – manchmal überraschend elegant ausgestattet, denn in Frankreich wurde die Erziehung der Mädchen zur Zeit der »Haut Monde« sehr ernst genommen. Schon in frühen Jahren gewöhnte man sie an die gesellschaftlichen Gepflogenheiten und behandelte sie wie die Damen, die sie später werden sollten.

Die ungewöhnliche Frühreife spiegelt sich gerade in unserer lieblichen Zigeuner-Bru »Jacqueline« wieder. Ihre Augen sind mandelförmig, schwarzbraun mit leicht gewölbten Augenbrauen, und die zartrosa Pausbacken – eingerahmt von einer Kaskade schwarzer Locken – geben ihr das Aussehen eines gesunden, jungen Mädchens. Die Puppe ist 72 Zentimeter hoch und wurde mit Bru Jne 11 signiert.

Der Körper besteht aus verschiedenen Materialien. Der Kopf ist aus feinem unglasiertem Porzellan gearbeitet, der Mund leicht geöffnet, das Kinn hat ein Grübchen. Der Hals ist über ein Drehgelenk mit der gefällig geformten Schulterplatte verbunden. Die kleinen Brüste haben rosa Brustwarzen und bestehen ebenfalls aus unglasiertem, feinem Porzellan. Die Unterarme mit den Händen sind hervorragend geformt und eingefärbt. Die Oberarme und Oberschenkel bestehen aus mit weißem Ziegenleder verkleideten Metallschäften. Die Kugelgelenke der Schultern sind so konstruiert, daß die Arme voll beweglich sind. Jacqueline ist in eine ihrer Originalausstattungen gekleidet. Außerdem hatte sie früher eine schwarze Jacke mit einem roten Hemd und ein kleines, mit Borten und Messingglöckchen verziertes Tambourin.

Das Bemalen der Zigeunerpuppe von Bru

Jackie Jacobs und ich probierten verschiedene Farben und Mischungen aus und brachten sie auf das Gesicht der Puppe auf. Bei Tageslicht legten wir dann die genaue Abstimmung fest. Natürlich säuberten wir das Gesicht der Bru nachher sorgfältigst! Ich konnte die Bru auch unter einem Vergrößerungsglas betrachten, was sich als große und wertvolle Hilfe erwies.

In ihren Anstrengungen, das Wesen eines bewundernswerten kleinen Mädchens einzufangen, sorgten die Leute von Bru dafür, daß die Hauttöne ihrer Puppen mit den Farben der Augen und der Haare harmonierten. Die Bru-Puppen kennen kein blasses Bonbonrosa. Man kann ihre Hautfarbe am besten mit »pfirsichfarben« oder »rosig« beschreiben. Die Haut dieser kleinen Zigeunerin schimmert pfirsichfarben.

Sie werden bemerken, daß ich das Gesicht immer erst relativ spät töne, d. h. es in den letzten Arbeitsgang vor dem endgültigen Brennen einbeziehe. Natürlich können Sie die Tönung des Gesichts vor dem ersten Brennen vornehmen, wenn Sie dies wünschen. Da ich jedoch deutsche Porzellanmasse verwende, die eine blasse, neutrale Hauttönung ergibt, finde ich es leichter, meine Puppen am Ende zum Leben zu erwecken, d. h. Schattierungen und Tönungen erst vorzunehmen, wenn die Hauptmalarbeit getan ist.

Augen und Augenbrauen, Detail der Nachbildung

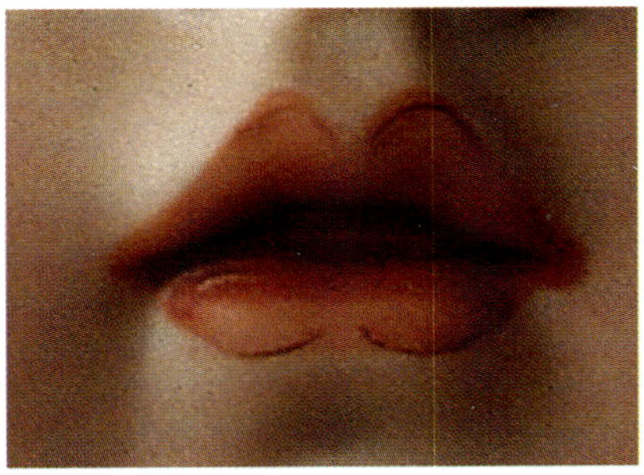

Lippen, Detail der Nachbildung

Bemalungsschema

Farben

Wimpern	Schwarz
Augenbrauen	1/6 Grün, 2/6 Dunkelgrau, 3/6 Goldbraun
Lippen	Französischrot
Wangenrot	3/4 Blutrot, 1/4 Dunkelrot
Schattierung zwischen Auge und Augenbraue	Hellblau (ist zur Wangenrotfarbe hinzuzufügen)

Beginnen Sie bei den schwarzen Wimpern, die säuberlich rund um die Mandelform ihres Auges angebracht sind. Malen Sie sie gleichmäßig. Die unteren Wimpern sind um einen Bruchteil länger als die oberen. Die Augenhöhle ist schwarz zu umrahmen. Mischen Sie die Farbe für die Augenbrauen aus 1/6 Grün, 2/6 Dunkelgrau und 3/6 Goldbraun. Sehen Sie sich die Fotografie des Gesichts genau an. Merken Sie sich genau den Stil der Augenbrauen. Sie werden feststellen, daß die rechte Augenbraue (auf der rechten Seite der Puppe, nicht auf der rechten der Fotografie) etwas von der Nasenwurzel abgerückt ist. Die Linien dieser Augenbraue beginnen knapp unter und knapp vor dem Kamm des Augenbrauenknochens. Die andere (linke) Augenbraue geht darüber hinaus und weiter bis zur Nasenwurzel.

Zuerst malen Sie die glatten, etwas stärkeren Grundlinien und bauen darauf das Skelett der feinen Linien auf. Prüfen Sie die Farbmischung. Wenn die Farbe auf der Arbeit Blasen wirft, haben Sie zuviel Kopaivaöl verwendet. Jetzt schattieren Sie zwischen den einzelnen Linien und vertiefen die Farbe an der Basis des Liniengerüsts. Ich halte den Kopf immer seitlich, während ich an den Augenbrauen arbeite. Dabei ziehe ich die Striche zu mir hin.

Der Mund dieser Puppe ist wie eine zart gemalte Rose. Mischen Sie Französischrot mit Kopaivaöl, bis Sie eine leichte ölige Konsistenz erhalten, und malen Sie mit einem kleinen flachen Katzenzungenpinsel zart die Grundform aus. Tupfen Sie mit Seide ab. Dann arbeiten Sie die Punkte für die Nasenlöcher und für die inneren Augenwinkel.

»Jacqueline«, Nachbildung von Carol Ann Stanton

Nach dem Brennen schattieren Sie sorgfältig zwischen den Lippen und fügen die Betonungen dazu, die exakt an der Außenlinie des Mundes liegen. Die Punkte der Nasenlöcher müssen ebenfalls etwas dunkler betont werden. Die Punkte der Augenwinkel sind nicht weiter hervorzuheben.

Zuletzt tönen und schattieren Sie das gesamte Gesicht. Achten Sie dabei darauf, die Mundbemalung nicht zu verwischen. Ich verwende Lavendelöl und eine Mischung von 3/4 Blutrot und 1/4 Dunkelrot in Kopaivaöl, die über das gesamte Gesicht verteilt wird. Danach färbe ich die Wangen wie im Bemalungsschema angegeben, füge zur Farbmischung noch etwas Hellblau und schattiere zwischen Auge und Augenbraue. Die Brustplatte aus Biskuit (M 180) und Porzellanarme (M 181) müssen am Brustansatz und an den Handrücken ebenfalls leicht getönt werden. Die Puppe wird dann vervollständigt, indem Sie entweder einen Lederkörper oder einen französischen Puppenkörper Größe 47 verwenden sowie blaue Augen (22 mm ∅).

»Chérie« Porträtpuppe von Jumeau

Die Firma Jumeau wurde von Pierre François Jumeau im Jahre 1842 gegründet und 1877 von seinem Sohn Emile übernommen. Die meisten Puppen, die in dieser frühen Zeit in französischen Fabriken hergestellt wurden, waren nur geringfügig oder gar nicht markiert. Durch Forschungsarbeiten mit Dorothy Coleman, François Theimer und anderen konnten die meisten der unmarkierten Puppen ihren Herstellern zugeordnet werden.

Jumeau war eine jener Fabriken, die auch die Körper ihrer Puppen markierte. Dies geschah, bevor die Idee von in Puppenköpfe zu prägenden Markierungen, Initialen und Ziffern aufkam. Viele Jumeau-Körper tragen in der Mitte des Rückens einen ovalen Aufkleber mit Aufschriften wie »Goldmedaille«, »Ehrendiplom« oder ähnlichem.

Die Modepuppen waren auch unter dem Namen »Parisiennes« bekannt, während Jumeau selbst sie »Poupées de Luxe« (Luxuspuppen) nannte.

Ab etwa 1870 kam eine neue Art von Puppe auf den französischen Markt. Diese neuen Puppen hießen »Bébés, obwohl sie in Wirklichkeit meistens kleine Mädchen und Jungen im Alter von 5–12 Jahren darstellten. Die Bébés wurden mit einem zusammengesetzten Körper kombiniert. Dieser Körper war eine Anordnung von gepreßten, hohlen Gliedern und Kugelgelenken, die mit Gummibändern verbunden waren. So ergab sich ein gelenkiger Körper, der sich durch Geschmeidigkeit und Festigkeit auszeichnete.

Jumeau war sicher eine der ersten Firmen, die diesen neuen, leichten und wohldurchdacht entworfenen Körper übernommen haben. Der Kopf dieser wunderhübschen mandeläugigen Porträt-Jumeau, die ein originalfranzösisches Kostüm trägt, ist nicht markiert. Der Körper trägt jedoch einen blauen Stempel »Médaille d'or« und ist ein frühes Exemplar der Kugelgelenkkörper. Die Puppe besitzt einen geschlossenen Mund, feststehende blaue Augen und durchstochene Ohrläppchen. Die Qualität des Biskuits ist sehr fein und blaß, der Mund ist zart geformt, die Wangen sind mit Rouge bedeckt.

Beachten Sie vor allem auch die kleine, farbliche Hervorhebung über den Augenlidern.

Das zweiteilige Kleid ist aus rotem Baumwollsatin. Das Häubchen besteht aus demselben Gewebe, es wurde mit passenden Spitzen verziert. Unter dem Kinn wird es gebunden. Die Strümpfe bestehen aus maschinell hergestellten Spitzen, die roten Schuhe aus weichem Leder mit breiten Bandrosetten, die dieses bezaubernde Ensemble abrunden. »Chérie« trägt einen roten, spitzenbesetzten Sonnenschirm mit weißem Porzellangriff. Jumeau-Puppen sehen in roter Seide wunderbar aus. Vielleicht sollten Sie diese Kleidung kopieren, wenn Sie Ihre Nachbildung dieser wunderschönen Puppe kostümieren. Ein Papierschnittmuster ist im Handel erhältlich.

Das Bemalen der mandeläugigen Porträtpuppe von Jumeau

Augen und Augenbrauen, Detail der Nachbildung

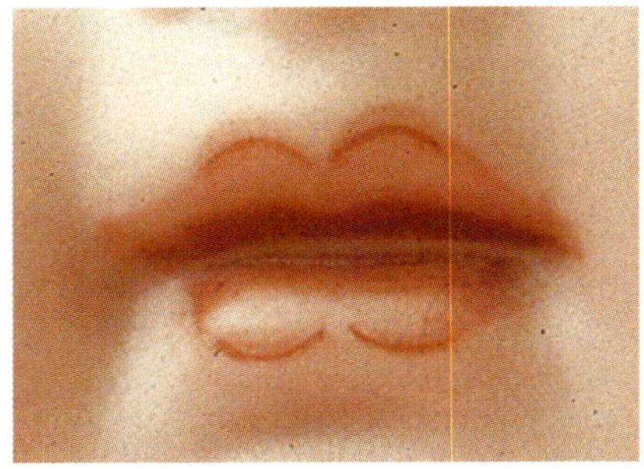

Lippen, Detail der Nachbildung

Bevor Sie die Nachbildung dieser hübschen Puppe in Angriff nehmen, müssen Sie zunächst einmal die Augenhöhlen im Rohlingstadium sehr präzise ausschneiden. Die Puppe hat große, ovale Augen. Achten Sie darauf, daß Sie die Augenhöhle nicht vergrößern, indem Sie sie zur Wange hin ausdehnen. Das Geheimnis liegt darin, die Augenhöhlen am jeweils äußeren Rand zu den Schläfen hin zu verlängern. Studieren Sie die Fotografie der fertigen Puppe sehr sorgfältig; bevor Sie den Kopf herrichten. Sie werden sehen, daß sie ganz winzige Augenlider hat. Wenn Sie die Augen nicht in der für den Kopf vorgesehenen Weise ausschneiden, sieht sie aus wie eine Standardpuppe von Emile Jumeau. An diesem Beispiel können wir sehen, mit welchen Mitteln die alten Puppenmacher ihre Formen veränderten, um unterschiedliche Puppenserien zu gestalten: Der Schnitt des Rohlings wurde abgeändert, der Stil der Bemalung variierte ebenfalls.

Zuerst versehen Sie die innere Augenhöhle mit einem Rand. Sie verwenden Schwarz und beginnen dann – wie immer am inneren Winkel des oberen Augenlids – mit den Wimpern. Malen Sie feine, kurze Wimpern, die sich zum äußeren Augenwinkel hin leicht schrägstellen. »Chérie« hat nicht die langen, wohlgeformten Wimpern der späteren Jumeau-Pup-

Bemalungsschema

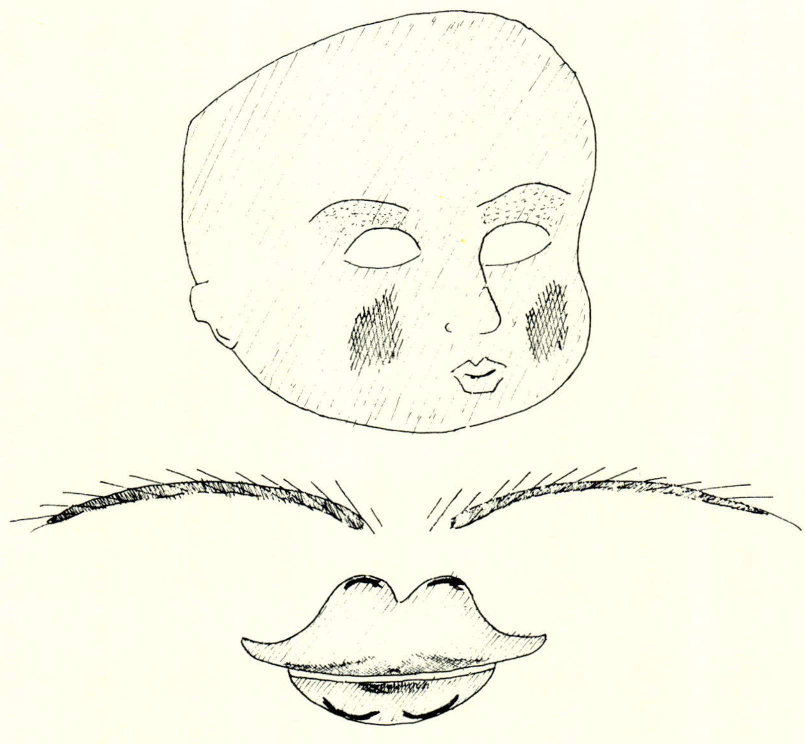

Farben

Wimpern	Schwarz
Augenbrauen	1/2 Dunkelbraun, 1/4 Grün, 1/4 Braun
Lippen	Pompadourrot
Wangenrot	Dunkelrosa
Schattierung zwischen Auge und Augenbraue	Hellblau (ist zur Wangenrotfarbe hinzuzufügen)

pen. Achten Sie darauf, sie nicht zu schwarz zu machen. Mit anderen Worten: drücken Sie den Pinsel nicht zu fest auf, malen Sie die Linien eher mit der Spitze.

Die Augenbrauen sind viel feiner und auch stärker gebogen als die anderer Jumeau-Puppen. Mischen Sie Ihre Farbe in einer eher festen Konsistenz; ölen Sie Ihren Detailpinsel gut ein, streifen Sie das überschüssige Öl aber gut ab. Die Farbe wird aus 1/2 Dunkelbraun, 1/4 Grün und 1/4 Braun gemischt. Zunächst ziehen Sie die bogenförmigen Grundlinien. Verbreitern Sie sie, und tupfen Sie sie mit Seide ab. Das ergibt die Grundschattierung. Prüfen Sie Ihre Farbmischung, und malen Sie über Ihre Schattierung feine, zu den Ohren hin schräg gestellte Linien. Halten Sie den Kopf dabei seitlich, und malen Sie zu sich selbst hin. Dann lassen Sie die Arbeit trocknen, während Sie den Mund bemalen. Achten Sie darauf, die Augenbrauen nicht zu sehr auszumalen. Sie sind sehr fein und schmal. Kleine Pinselstriche zur Nasenwurzel hin sind als Abschluß hinzuzufügen.

Mit einem flachen Katzenzungenpinsel stellen Sie mit Pompadourrot und Kopaivaöl eine ölige Mischung her und malen die Mundform weich und leicht. Tupfen Sie sie mit Seide ab, und halten Sie die Farbe eher blaß. Deuten Sie auch die Nasenlöcher und die inneren Augenwinkel an. Jetzt brennen Sie den Kopf. Das Ausmalen der Lippen, ihre Akzentuierung sowie die der Nasenlöcher und die Schattierung der Brauen folgen als nächstes. Halten Sie sich an das Bemalungsschema.

»Chérie«, Nachbildung von Carol Ann Stanton

Nach dem zweiten Brennen kann der Kopf getönt werden. Dazu tragen Sie Lavendelöl auf das gesamte Gesicht auf und tupfen überschüssiges Öl ab. Mit schnellen Bewegungen bringen Sie dann die Farbe auf. Verwenden Sie Dunkelrosa und Kopaivaöl in der üblichen Mischung. Die jeweilige Farbdichte für Hautton und Wangenrot ist dem Bemalungsschema zu entnehmen. Geben Sie zu einem Teil des Dunkelrosa Hellblau dazu, damit Sie die Schattierung zwischen Auge und Augenbraue arbeiten können. Achten Sie darauf, daß keine Fingerabdrücke zu sehen sind, und denken Sie daran, daß die Farbe um einen Ton dunkler als endgültig gewünscht aufgebracht wird, damit sie im Ofen abbrennen kann. Nach dem dritten Brennen können Sie Ihre Puppe fertigstellen. Dazu brauchen Sie blaugraue Augen (18 mm ∅), einen französischen Puppenkörper Größe 32 und das Schnittmuster des Kostüms, um es nacharbeiten zu können.

»Jasmine« Long-Face von Jumeau (Jumeau Triste, um 1878)

Der Name Jumeau steht stellvertretend für besonders schöne Luxuspuppen. Ausgestattet wurden diese von der Fabrik mit schlichten Tageshemden. Man konnte sie aber auch mit einem Initialen tragenden Schrankkoffer erwerben, der eine schier endlose Auswahl von Hüten, Pelzen, Schmuckstücken, Brillen, Handschuhen, Kleidern, Kostümen und sogar Schreibmappen enthielt. Bei vielen Neuerungen war die Firma Jumeau führend. Von ihr stammten überwältigende Entwürfe sowohl was die Gestaltung der Gesichtszüge als auch die Ausstattung der Puppen anbelangte, die in den späten 80er Jahren des vergangenen Jahrhunderts geschaffen wurden.

Die Bébés waren ebenso luxuriös wie ihre Vorläufer, die feinen Damen. Ihre Kostüme, Frisuren und zahlreichen Accessoires waren genauso extravagant. Viele dieser Puppen wurden im Lager von Jumeau voll eingekleidet. Die teuersten Puppen wurden oft für den Export hergestellt, sie gingen nach Spanien, England, Amerika und in die großen, aufstrebenden Städte auf der ganzen Welt.

Diese wunderschöne, französische Jumeau-Bébé wird Jumeau Triste genannt, was soviel heißen soll wie »die Puppe mit dem traurigen Gesicht«. Die blauen, dunklen Paperweight-Augen verleihen ihr ein sehr ästhetisches Aussehen. Ihre Ohren werden separat hergestellt und dann angesetzt. Die blonde Originalperücke aus Mohair befindet sich immer noch in gutem Zustand. Der Kugelgelenkkörper hat Arme mit feststehenden Handgelenken. An den Füßen sind die großen Zehen jeweils von den anderen Zehen getrennt. Wie bei allen Jumeau-Triste-Puppen ist der Kopf nicht markiert, er trägt aber eingraviert die Zahl 13.

Auf dem Körper befindet sich in der Mitte des Rückens der Stempel »Jumeau, Médaille d'Or«. Jasmines Seidenkleid hatte ursprünglich einen zartblauen Farbton, inzwischen ist es allerdings schon sehr ausgeblichen. Der Hut ist aus cremefarbener Seide mit üppigen Rändern aus gerüschten Bändchen verziert. Die Strümpfe sind aus cremefarbenen, maschinell hergestellten Spitzen. Die bronzefarbenen Originalschuhe sind in einem Oval mit »J. Jne.« signiert, einer ungewöhnlichen Markierung, die ich an Schuhen vorher noch nie gesehen habe.

Das Bemalen der Long-Face von Jumeau

Puppenmachern gefällt besonders, daß zwei Puppen niemals gleich aussehen, selbst dann, wenn sie aus derselben Form kommen und von demselben Künstler bemalt wurde. Diese Tatsache gilt auch für die alten Puppen, vor allem für die feineren, selteneren Exemplare. Die Long-Face von Jumeau ist eine jener mystischen, seltenen Puppen, deren Schönheit sich einer Analyse entzieht. Jede, die ich bis jetzt gesehen habe, war einzigartig, und doch waren sie alle gleich. Wir wissen, daß Faktoren wie der Schnitt der Augen, die Art den Rohling zu säubern, und das Talent des einzelnen Künstlers dazau beitragen, daß jede Puppe anders aussieht. Da aber das Puppengesicht einem menschlichen Gesicht so ähnlich sieht, teilt jeder Modelleur seiner Puppe auch etwas von seiner eigenen Persönlichkeit mit. Bei einer Puppe wie dieser müssen wir uns also auch Gedanken über den Künstler machen, der das verführerische Gesicht modelliert hat, das diese Jumeau-Puppe so einzigartig macht.

Die Augen sollen denen eines jungen Kindes ähneln. Deshalb werden sie von Wimpern umrahmt, so daß sie sehr rund aussehen. Verwenden Sie zum Malen der Wimpern Grauschwarz. Achten Sie darauf, daß es nicht zu ölig wird. Malen Sie kurze, feine Wimpern gleicher Dicke und achten Sie darauf, daß sie am Au-

Augen und Augenbrauen, Detail der Nachbildung

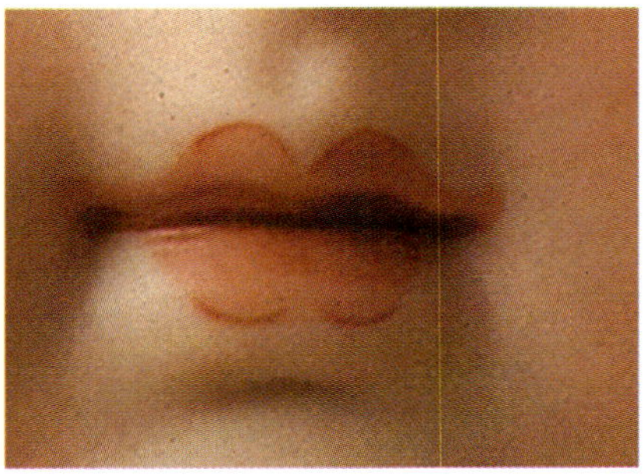

Lippen, Detail der Nachbildung

Bemalungsschema

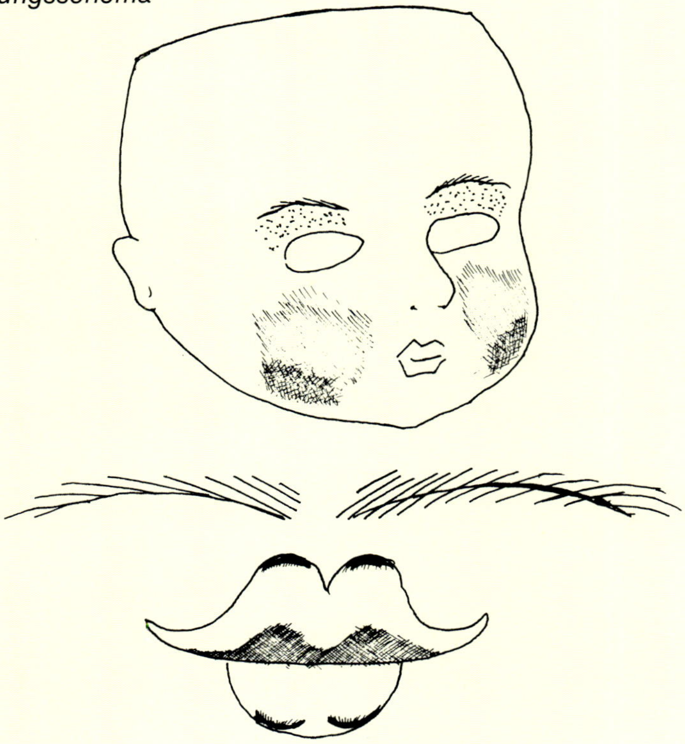

Farben

Wimpern	Grauschwarz
Augenbrauen	1/2 Goldbraun, 1/4 Dunkelgrau, 1/4 Hellbraun
Lippen	Pompadourrot
Wangenrot	3/4 Blutrot, 1/4 Dunkelrot
Schattierung zwischen Auge und Augenbraue	Hellblau (ist zur Wangenrotfarbe hinzuzufügen)

genwinkel nicht kürzer werden. Die Augenhöhle ist nach dem Malen der Wimpern mit einem Rand zu versehen.

Überraschend waren für mich die Augenbrauen. Ihr Stil, d. h. ihr Muster, ist für französische Puppen durchaus normal, ihre Anordnung aber ist ungewöhnlich. Wenn Sie sie nur um Haaresbreite verfehlen, wird Ihnen der undefinierbare Gesichtsausdruck dieser Puppe nicht gelingen. Beginnen Sie die Augenbrauen, indem Sie je eine Grundlinie ziehen. Prüfen Sie die Anordnung, bevor Sie die anderen Linien malen. Achten Sie darauf, daß die Brauen höher und weiter voneinander entfernt sind als bei allen anderen Jumeau-Puppen. Ich verwendete eine Mischung von 1/2 Goldbraun, 1/4 Dunkelgrau, 1/4 Hellbraun. Vergewissern Sie sich, daß die Farbe sorgfältig gemischt ist. Die linke Augenbraue der Puppe befindet sich etwas näher am Auge. Schattieren Sie die Brauen nicht zu stark, weil sie sonst zu dunkel werden.

Der Mund ist interessant, die untere Lippe wird innerhalb der voll modellierten Form der Lippe gemalt, die Oberlippe geht darüber hinaus (siehe Bemalungsschema). Die Bogen der unteren und der oberen Lippe verlaufen parallel zu den Nasenlöchern. Verwenden Sie für den Mund Pompadourrot, malen Sie weich, und tupfen Sie ab. Arbeiten Sie mit derselben Farbe auch die Nasenlöcher und die inneren Augenwinkel. Nach dem Brennen schattieren Sie zwischen den Lippen und fügen die Betonung der Lippenbögen sowie der Nasenlöcher dazu. Die Wangen habe ich mit einer Mischung aus 3/4 Blutrot und 1/4 Dunkelrot getönt. Ziehen Sie zur Orientierung hinsichtlich der Farbdichte das Bemalungsschema heran. Nehmen Sie ein wenig von der Farbmischung für die Wangen, mischen Sie sie mit Hellblau, und schattieren Sie zwischen Auge und Augenbraue.

Die Puppe wird mit blauen Augen (22 mm ∅) und einem französischen Puppenkörper Größe 47 vervollständigt. Für das Kostüm gibt es ein Schnittmuster.

»Jasmine«, Nachbildung von Carol Ann Stanton

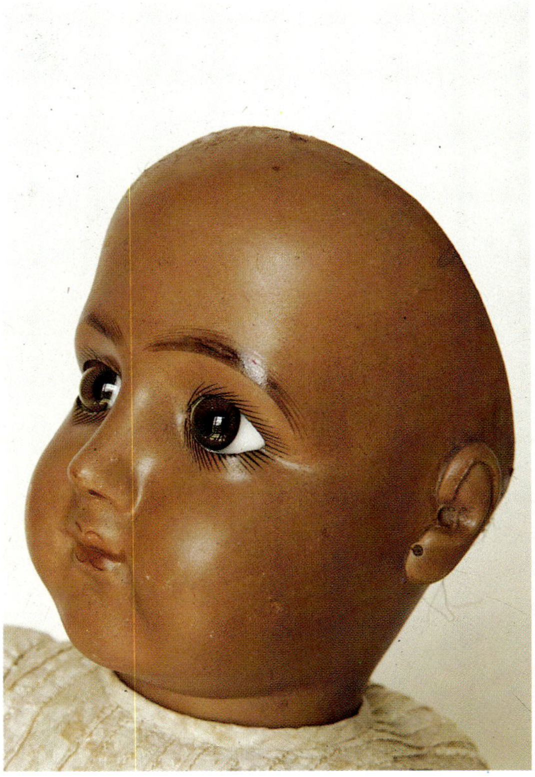

»Giselle«
Mulattenporträt von Jumeau

Die französischen Puppen galten immer als besonders exklusiv und waren berühmt für ihre Qualität und Ausstattung. Sie gehörten zu denjenigen Luxusgütern, die Frankreich in alle Welt exportierte.

Wichtig für die Puppenherstellung war eine Synthese von Fertigkeiten, für die Paris seit langem berühmt war: Perückenmacher, Schneider und Porzellanhersteller stellten dem neuen Industriezweig ihr Können zur Verfügung. Die Puppen wurden großzügiger und teurer, die Preise erreichten in der Folge zum Teil schwindelnde Höhen.

Sicherlich zeigt diese rare und ungewöhnliche Porträtpuppe von Jumeau recht deutlich, wie sehr die Gestaltung von Puppen verfeinert worden war.

An dieser Stelle möchte ich eine kleine, mir jedoch wichtig erscheinende Bemerkung über alte Puppen anbringen. Ich werde oft gefragt, warum die alten Puppen so wunderschön sind und die modernen Puppen von heute so eintönig und ausdruckslos. Wenn Sie nun das Mulattenporträt genau betrachten, sehen Sie recht genau eine perfekt ausgearbeitete Knochenstruktur und extrem ausgefeilte Konturierung des Gesichts. Wangenknochen, Stirne, Augenhöhlen und Kinn, alles wurde mit soviel zarter Präzision gearbeitet, daß wir deutlich sehen, daß die Künstler dieser Zeit genaue Kenntnisse der menschlichen Anatomie und Physiognomie hatten, um diesen lebensnahen Ausdruck hervorbringen zu können. Mit so einfachen Materialien wie Glas, Farbe und Biskuit konnten sie nicht nur die physischen Umrisse einfangen, sondern auch tatsächlich den realistischen Ausdruck unterschiedlicher Gefühle vermitteln, was bei den modernen Puppen nur selten der Fall ist.

Das Bemalen des Mulattenporträts von Jumeau

Das Mulattenporträt von Jumeau ist eine exotische Rarität und für den ehrgeizigen Nachbildungskünstler eine besondere Herausforderung. All die charmanten Attribute der Puppen aus dem Haus Jumeau werden durch den dunkleren Hautton betont. Diese Puppe könnte vor mehr als hundert Jahren das Prunkstück einer Ausstellung gewesen sein. Sie war vielleicht auch Teil einer Sonderausstellung oder einer Puppenserie für einen Kunden. Bedenkt man, daß zu der Zeit, als diese Puppe hergestellt wurde, die Kinder in Europa Menschen aus fremden Ländern kaum kannten, so wird deutlich, welch ein besonderes Statussymbol diese ungewöhnliche Puppe gewesen sein muß. Die farbigen Puppenköpfe der besseren Qualität wurden immer zunächst in weißem Porzellan gegossen und dann koloriert. Daher wäre es nicht korrekt, vorgefärbte Porzellangießmasse zu verwenden. Ich ziehe es vor, wie immer fleischfarbene Porzellanmasse zu verwenden. Vor dem Bemalen müssen Sie den Biskuitkopf so perfekt wie möglich vorbereiten. Jeder kleine Fleck, jede Schliere wird sichtbar, sobald der Kopf koloriert ist. Schneiden Sie sich einige Stücke sauberer, feiner Seide zurecht, und bereiten Sie kleine Bällchen aus Baumwollwatte vor. Ich verwende zum Kolorieren der dunkleren Hauttöne lieber Watte als Plastikschaum, da sie mehr Öl

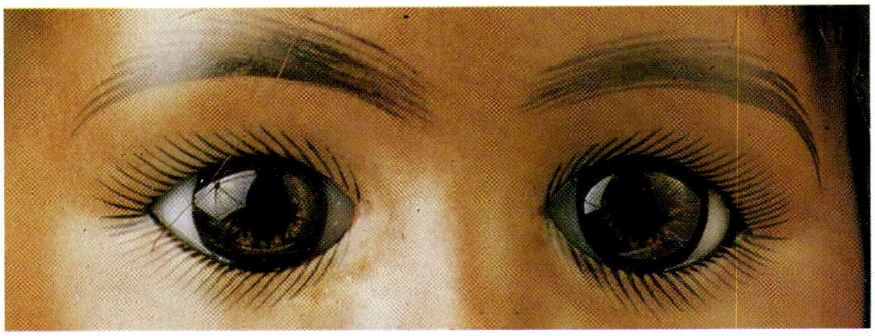

Augen und Augenbrauen, Detail der Nachbildung

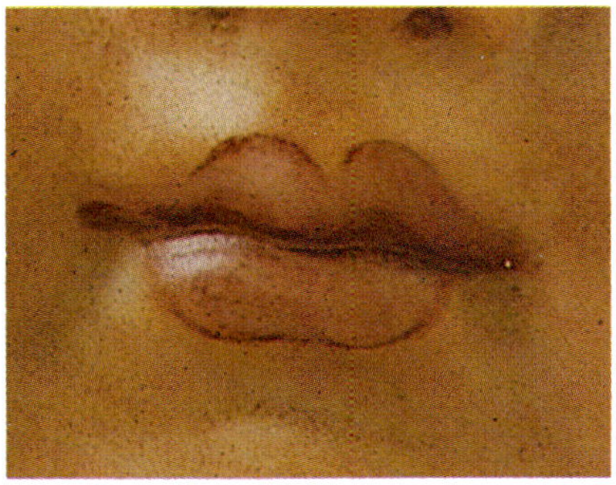

Lippen, Detail der Nachbildung

Bemalungsschema

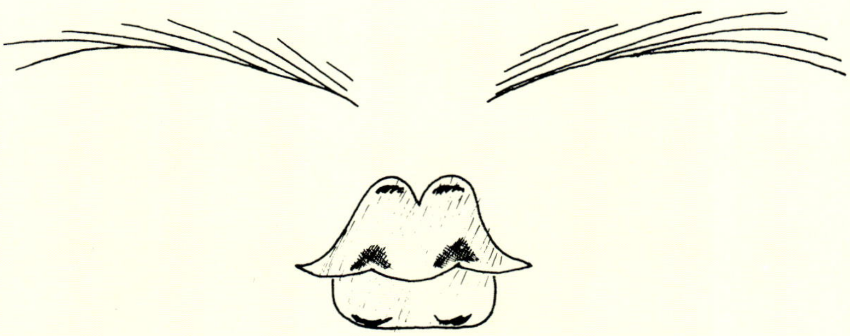

Farben

Lippen	1/2 Französischrot, 1/2 Dunkelrosa
Hautton	1/2 Braun, 1/4 Grün, 1/4 Dunkelbraun
Wimpern	Schwarz
Augenbrauen	1/4 Kastanienbraun, 1/4 Dunkelgelb, 1/4 Grün, eine Prise Schwarz
Wangenrot	Französischrot

aufnimmt. Wenn nämlich zuviel Öl auf dem Kopf bleibt, kommt er mit einem glänzenden Schimmer aus dem Brennofen, die Tönung sollte aber immer matt sein.

Zunächst malen Sie den Mund, die Nasenlöcher und die inneren Augenwinkel mit einer Mischung aus 1/2 Französischrot und 1/2 Dunkelrosa und brennen den Kopf. Die Mischung für die Gesichtstönung besteht aus 1/2 Braun mit 1/4 Grün und 1/4 Dunkelbraun, die Sie mit Kopaivaöl zu einer steifen Paste verrühren. Vermischen Sie die Farbe sorgfältig mit dem Öl. Halten Sie den Kopf innerhalb der Krone fest. Bedecken Sie den gesamten Kopf mit einem feinen Film Lavendelöl. Nehmen Sie einen breiten Stipplerpinsel (ich verwende immer einen Pinsel mit synthetischen Borsten), und tragen Sie das Öl auf den Kopf auf, wobei Sie darauf achten müssen, daß es auch gut in alle modellierten Vertiefungen eindringt. Wischen Sie dann den Großteil des Öls mit einem Tupfer aus in Seide eingeschlagener Watte ab, und beginnen Sie, die Farbe gleichmäßig auf den Kopf aufzutupfen. Wir wollen hier einen hellbraunen Kopf arbeiten, der sehr trocken und matt aussieht und gleichmäßig koloriert ist. Sobald dies erreicht ist, nehmen Sie ein Wattestäbchen zur Hand und wischen überschüssige Farbe vom Mund ab. Brennen Sie den Kopf 1 Stunde lang in einem belüfteten Ofen (Deckel offen), dann schließen Sie den Deckel und brennen fertig. Dadurch kann das Öl langsam verbrennen, ohne zuviel Farbe wegzunehmen.

»Giselle«, Nachbildung von Carol Ann Stanton

Nach dem Brennen malen Sie mit Schwarz die Wimpern wie aus dem Detailfoto ersichtlich und umranden die Augenhöhle. Dann schattieren und betonen Sie die Lippen mit der Mischung aus 1/2 Französischrot und 1/2 Dunkelrosa wie im Bemalungsschema angegeben. Akzentuieren Sie auch die Nasenlöcher.

Die Augenbrauen wirken nicht schwarz, wie man es erwarten sollte, sondern dunkelbraun. Sie wurden mit einer Mischung aus 1/2 Kastanienbraun, 1/4 Dunkelgelb, 1/4 Grün und einer Prise Schwarz gemacht. Zum Schluß röten Sie die Wangen leicht mit Französischrot.

Diese wunderschöne Puppe vervollständigen Sie dann mit den dunkelbraunen Kristallaugen (18 mm ∅) und einem französischen Puppenkörper Größe 38. Kolorieren Sie den Körper wie auf Seite 65 beschrieben.

»Aimée« Mulattin von Jumeau

Diese Puppe ist ein ausgezeichnetes Beispiel für die Arbeit von Emile Jumeau, sie entstand um 1880. Ihr besonderer Charme liegt natürlich in der Hauttönung. In ihrem Charme und ihrer Gelassenheit ist sie sicherlich eine kleine Schönheit. Der Biskuitkopf ist ganz hervorragend gearbeitet und trägt eingraviert die Buchstaben »E. J.«. Die Ohren der Puppe wurden getrennt angesetzt, sie hat einen geschlossenen Mund und atemberaubende haselnußbraune Paperweight-Augen. Der Körper hat in der Mitte des Rumpfes ein Etikett mit dem Aufdruck »Médaille d'Or«.

Aimée trägt ein feines, braunes Wollkleid, das an den Ärmeln mit weinrotem Samt besetzt ist. Oberhalb der Taille hat es ebenfalls ein Einsatzstück aus weinrotem Samt. Der in Falten gelegte Rock ist mit einer sehr breiten Spitze besetzt. Die Kopfbedeckung besteht aus einer Haube (Seide und Samt), ebenfalls in Weinrot und Braun gehalten. Auch hier finden wir einen sehr breiten Spitzenbesatz. Die Stiefel sind seitlich geknöpft, das Leder trägt den Stempel »Simonet«. Die Krönung dieses wunderschönen Kostüms aber sind ein Fuchsschwanz aus imitiertem Hermelin und ein passender Muff.

Wenn Sie eine Sammlung seltener und schöner Puppen aufbauen wollen, ist Vielfalt besonders wichtig. Ich sammle nun schon seit 20 Jahren und habe nur fünf dieser farbigen Puppen von Emile Jumeau gefunden. Ich habe mit der Anpassung der neuen Biskuitfarbe große Fortschritte gemacht, so daß Sie mit der Mischlingshauttönung keinerlei Probleme haben dürften, wenn Sie den Anleitungen genau folgen.

Das Bemalen der Mulattin von Jumeau

Die Emile-Jumeau-Mulattin kann einfach nicht übersehen werden. Sie ist eine noch strahlendere Interpretation des süßen, kindlichen Gesichts, ihre liebliche Gestalt wird durch die goldbraune Hauttönung noch mehr hervorgehoben. Interessant ist, daß beide Puppen Kostüme im europäischen Stil tragen. Es scheint, als hätte Jumeau seine farbigen Biskuitpuppen höchster Qualität als typische Pariserinnen eingekleidet. Die französischen Puppenmacher verkauften ihre farbigen Puppen aber auch in ihrer jeweiligen Nationaltracht.

Wenn Sie den Biskuit erheblich dunkler tönen wollen, ist es doppelt wichtig, zunächst einen guten, glatten Kopf vorzubereiten, dessen Biskuit keinerlei Fehler aufweist. Der Tönungsprozeß, d. h. das Auftupfen der Farbe, kann nicht unterbrochen oder beschleunigt werden, sobald man einmal damit begonnen hat.

Wenn Sie alte Puppen studieren, werden Sie bemerken, daß dieselben Fehler in der Tönung, die Ihnen vielleicht auch schon unterlaufen sind, dort ebenfalls zu finden sind! Die originalen farbigen Biskuitpuppen weisen oft Schlieren auf und Stellen, an denen die Farbe verlaufen ist. Manchmal ist die Farbe sogar abgegangen, und das nackte Biskuit ist darunter zu sehen. Oder Sie bemerken vielleicht um den Mund herum eine Ansammlung von Farbe, die sich ergibt, wenn die-

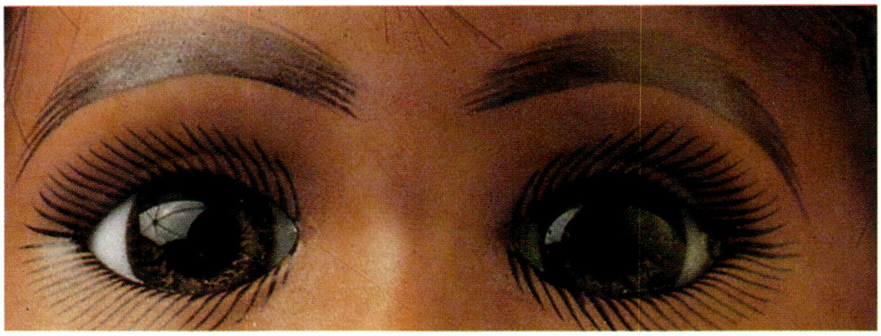

Augen und Augenbrauen, Detail der Nachbildung

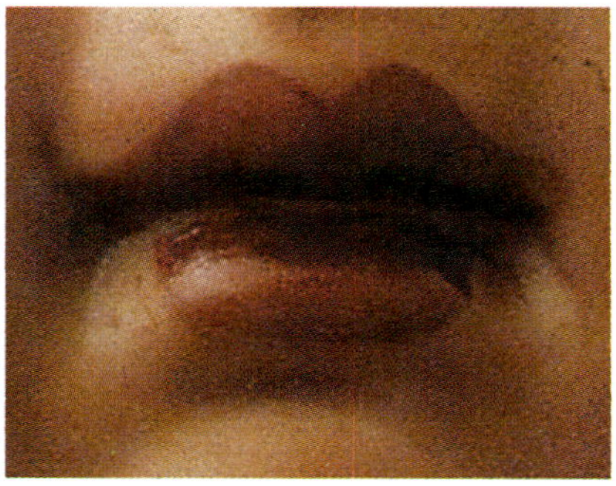

Lippen, Detail der Nachbildung

Bemalungsschema

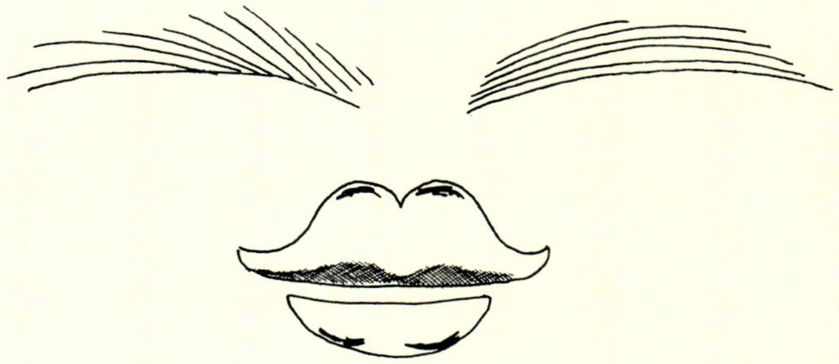

Farben

Lippen	Pompadourrot
Hautton	1/2 Braun, 1/4 Kastanienbraun, 1/4 Grün
Wimpern	Schwarz
Augenbrauen	1/2 Kastanienbraun, 1/4 Dunkelgelb, 1/4 Grün, eine Prise Schwarz
Wangenrot	Französischrot

ser Bereich nicht sorgfältig bearbeitet wird. Ich fühle mich den Menschen sehr nahe, die diese Puppen damals hergestellt haben, wenn ich dieselben Fehler bei mir entdecke, die sie vor so langer Zeit auch gemacht haben!

Malen Sie, wie schon beim Mulattenporträt, die Lippen, die Nasenlöcher und die inneren Augenwinkel mit Pompadourrot, und brennen Sie den Kopf ein erstes Mal. Beachten Sie die nicht mit Rot zu bemalende Linie zwischen Ober- und Unterlippe.

Die Tönung der Jumeau-Mulattin ist ein wenig dunkler als die des Mulattenporträts. Mischen Sie dazu 1/2 Braun, 1/4 Kastanienbraun und 1/4 Grün. Achten Sie darauf, daß die Farbe sehr gleichmäßig und matt aussieht, bevor Sie den Kopf brennen. Die Farbe ist um die Augen, um die Nasenflügel sowie um und zwischen den Lippen schwer zu verteilen. Sie können trockene, saubere Pinsel verwenden, um sich in diesem Stadium zu behelfen.

Nach dem zweiten Brennen malen Sie mit Schwarz die Wimpern und die Umrandung der Augenhöhle. Für die Augenbrauen nehmen Sie die in der untenstehenden Tabelle angegebene Farbmischung. Beachten Sie, daß die Augenbrauen den typischen Stil Emile Jumeaus haben, d. h., sie sind nicht so aufgefedert wie die späterer Puppen. Ein Merkmal dieses Modells ist, daß die linke Augenbraue sehr dicht ist und nur extrem wenige »aufgefederte« Linien aufweist. Es ist besonders darauf hinzuweisen, daß die Augenbrauen der Puppen dunkelbraun und nicht schwarz sind, wie dies bei den billigeren Mischlingspuppen dieser Firma der Fall ist.

»Aimée«, Nachbildung von Carol Ann Stanton

Zum Schluß sind die Lippen zu schattieren und zu betonen. Die Nasenlöcher werden akzentuiert und die Wangen mit Französischrot leicht gerötet. Tragen Sie nur soviel auf, daß Sie die Wangenfarbe etwas beleben. Es ist zwar nicht möglich, die dunkleren, roten Töne für die Lippen auf Braun zu brennen, bei einem dünn aufgetragenen helleren Wangenrot ist das jedoch problemlos möglich.

Es gibt zwei Formen, in denen Sie den Kopf der Mulattin gießen können. Wenn Sie M 36 verwenden, schneiden Sie die Augen wie bei jeder normalen Jumeau-Puppe aus. Sie brauchen dunkelbraune Kristallaugen (16 mm ∅) und einen mit Gelenken versehenen französischen Puppenkörper Größe 32. Sie müssen den Körper ebenfalls braun tönen, damit er mit dem Hautton des Gesichts harmoniert. Dazu wählen Sie eine geeignete matte Emulsionsfarbe und bringen zwei Schichten auf. Nach dem Trocknen versiegeln Sie mit mattem Polyurethanlack. (Den Körper werden Sie zerlegen und die einzelnen Teile getrennt behandeln müssen, damit die Farbe überall gleichmäßig aufgetragen werden kann.) Die Form M 25 kann zum Gießen des Kopfes ebenfalls verwendet werden, wenn eine größere Nachbildung hergestellt werden soll. Beachten Sie aber bitte, daß Sie die Linie zwischen Ober- und Unterlippe bei diesem Modell nicht belassen können. Zur Vervollständigung brauchen Sie dunkelbraune Kristallaugen (18 mm ∅) und einen französischen Puppenkörper der Größe 36.

»Suzette« nicht mechanische Puppe von Steiner (um 1880)

In den späten 70er Jahren des vergangenen Jahrhunderts waren Puppen ein großer Erfolg geworden. Der Andrang bei den Wettbewerben um Goldmedaillen war sehr groß. Jeder Puppenhersteller strebte danach, der berühmteste, derjenige mit den meisten Auszeichnungen und – vor allem – derjenige mit dem größten Umsatz zu werden. Puppen aller Größen und aller Hersteller belebten die Szene, keiner wollte den Zug des Erfolges verpassen.

Die erst kürzlich zu Wohlstand und Ansehen gekommenen Bürger hatten sich sehr schnell etabliert, kleideten sich modisch und chic und brachten Farbe in die Welt von damals. Die modische Dame war nicht länger geziert und zurückhaltend sondern zeigte sich strahlend und mit einem neuen Selbstbewußtsein. Ließ sie sich in der Öffentlichkeit von ihren Kindern begleiten, so hatten auch diese so fein wie möglich angezogen zu sein. Wenn das kleine Mädchen eine Puppe hatte, so mußte sie wiederum vom Besten sein. Dementsprechend war die Kleidung der neuen Bébé-Puppen kostbar und voller Liebreiz. Es gab Kostüme für alle Jahreszeiten, die einen wunderbaren Querschnitt dessen boten, was ein Kind begüterter Eltern so über das Jahr alles trug.

Die Firma wurde 1855 von Jules Nicholas Steiner gegründet und behauptete von sich, die allseits geschätzte Bébé-Puppe erfunden zu haben. 1889 erwarb die Firma ein Patent für Verbesserungen bei der Herstellung von Porzellan- und Biskuitköpfen für unzerbrechliche Bébé- und Puppengelenkskörper. Bei der Pariser Ausstellung desselben Jahres erhielt Steiner eine Goldmedaille für sein Ausstellungsstück, das in dieselbe Richtung tendierte wie das von Jumeau. Die letzte Auszeichnung für ein Ausstellungsstück von Steiner erfolgte anläßlich der Pariser Ausstellung von 1891, bei der er außer Konkurrenz als Mitglied der Auszeichnungskommission geehrt wurde. Fast alle Auszeichnungen und Ehrenzeichen erhielt die Firma Steiner, während Jules Nicholas Steiner die Geschicke der Firma führte.

Der Kopf dieser Steiner-Puppe ist nicht markiert. Am Rumpf trägt sie allerdings ein Etikett mit der Aufschrift »LE PETIT PARISIEN«. Der sonst vollständig mit Gelenken versehene leichte Körper aus Compositionsmasse hat steife Handgelenke und als besonderes Merkmal die von den vier anderen Zehen getrennte große Zehe. Der Kopf besteht aus sehr feinem Biskuit, die Augen sind mandelförmig. Diese spezielle Augenform ist bei Steiner sehr ungewöhnlich und wird eigentlich öfter von Jumeau verwendet. Auf dem kleinen Foto ist »Suzette« neben »Giselle« (siehe Seite 58) zu sehen. Beide haben die Kleider getauscht.

Das Bemalen der nicht mechanischen Puppe von Steiner

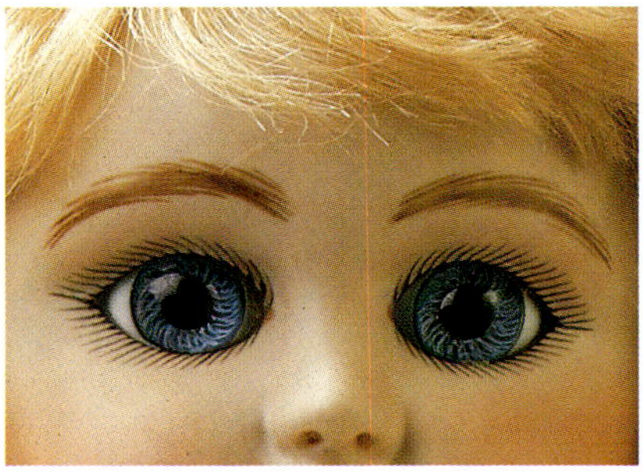

Augen und Augenbrauen, Detail der Nachbildung

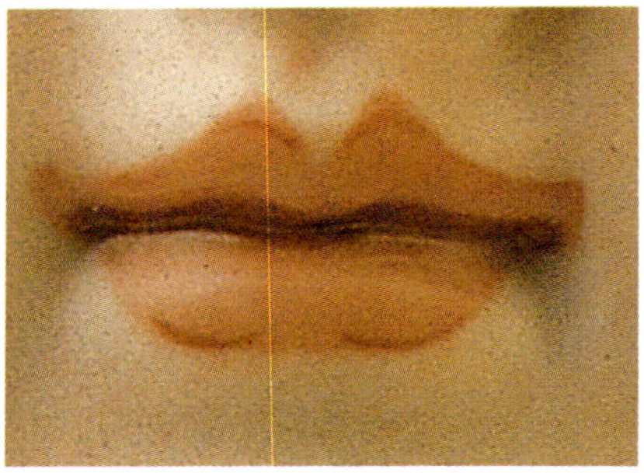

Lippen, Detail der Nachbildung

Jules Nicholas Steiner war der betriebsamste unter den Puppenherstellern des 19. Jahrhunderts. Er suchte immer wieder nach Verbesserungen und Neuerungen, um die Spielzeugindustrie in Europa voranzutreiben. Die bis heute erhaltenen Puppen sind ein Tribut an seine Bemühungen. Sie haben einen ganz persönlichen Charme, der sie von ihren Konkurrentinnen unterscheidet. Sie werden diese bemerkenswerte Steiner-Puppe sofort ins Herz schließen, obwohl oder gerade weil Sie all Ihr Talent brauchen werden, um sie zu bemalen. Jackie Jacobs hat eine zweite Steiner-Puppe, die aus derselben Form kommt wie diese, bei der aber die Augen nicht so weit geschnitten sind und die unterschiedliche Bemalung des Mundes und der Augenbrauen eine vollkommen andere Puppe hat entstehen lassen. Den Augen müssen Sie im Rohlingsstadium eine mandelförmige Form geben. Nachdem Sie den Kopf wie üblich vorbereitet haben, malen Sie mit Schwarz die Wimpern und umranden die Augenhöhle. Die meisten Steiner-Puppen haben eine verlängerte, starke, schwarze Linie im Augenwinkel. Das scheint so etwas wie ein Markenzeichen der Porzellanmaler der Firma gewesen zu sein. Die Wimpern sind am Ursprung etwas dicker, was Sie dadurch erreichen können, daß Sie Ihren Pinsel am Rand des

Bemalungsschema

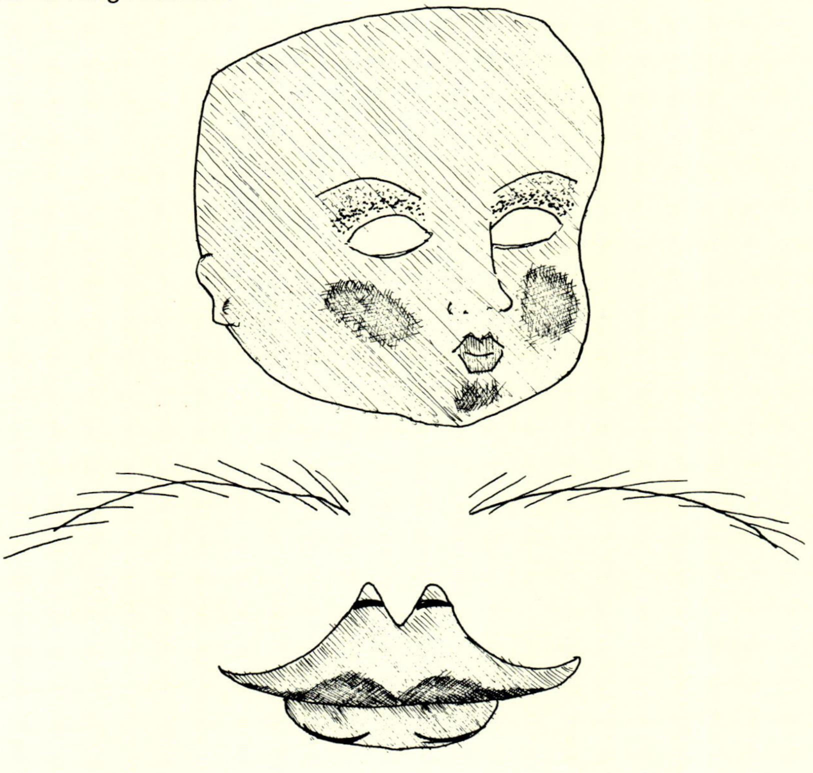

Farben

Wimpern	Schwarz
Augenbrauen	1/2 Dunkelbraun, 1/2 Dunkelgelb
Lippen	Französischrot
Wangenrot	1/2 Pompadourrot, 1/2 Blutrot
Schattierung zwischen Auge und Augenbraue	Dunkelgrau (ist zur Wangenrotfarbe hinzuzufügen)

Augenlides kurz andrücken, bevor Sie ihn zur Fertigstellung der Wimpernlinie in eine senkrechte Position bringen. Sie müssen die Wimpern nicht jeweils mit einem einzigen Strich malen, was auch gar nicht immer möglich ist. Versuchen Sie, die zu ziehende Linie auf dem Biskuit »aufgedruckt« zu sehen, so daß Sie die Farbe entlang dieser Linie quasi glatt verteilen. Wenn Sie einen Fehler machen, sollten Sie ihn sofort verbessern, bevor Sie weitermachen. Ein kleines Stück Papier (Zewa, Kleenex) wird um das Ende eines Zahnstochers gewickelt, dann in Methylalkohol getaucht und ausgedrückt. Damit können dann fehlerhafte Stellen leicht weggewischt werden.

Die Augenbrauen werden in dem Ihnen bekannten Stil gemalt, wobei aber am Anfang mehrere Linien quer zur Grundlinie gemalt werden.

Die Brauen haben eine sanft goldene Tönung, die Sie mit einer Mischung aus 1/2 Dunkelbraun und 1/2 Dunkelgelb erreichen. Beachten Sie, daß die Augenbrauen einen regelrechten Rahmen für die wunderschönen Augen bilden. Die alten Porzellanmaler haben die Originalform der Puppen geschickt ausgenutzt.

Der Mund dieser Steiner-Puppe hat eine breit ausgemalte Oberlippe, die rechts und links bis zu den Wangen reicht. Sie verwenden Französischrot in einer leicht öligen Konsistenz und malen die Grundform sehr weich. Tupfen Sie sie ab, und malen Sie dann die Nasenlöcher und die inneren Augenwinkel. Dann wird der Kopf das erste Mal gebrannt.

»Suzette«, Nachbildung von Carol Ann Stanton

Danach vervollständigen Sie durch Schattieren und Betonen die Lippen und akzentuieren die Nasenpunkte. Dann brennen Sie das zweite Mal.

Um das Gesicht zu tönen, trage ich zunächst Lavendelöl auf und mixe mit 1/2 Pompadourrot mit 1/2 Blutrot. Vergessen Sie nicht, außer den Wangen auch das Kinn zu betonen. Die Schattierung zwischen Auge und Augenbraue erreichen Sie, indem Sie ein wenig Dunkelgrau zu einem kleinen Teil der Mischung für das Gesicht hinzufügen. Dann wird das dritte Mal gebrannt.

Stellen Sie Ihre wunderschöne Puppe mit großen blauen Augen (22 mm ∅) und einem französischen Puppenkörper Größe 38 fertig. Ich bin sicher, daß Sie dieser Puppe auch Kleider machen wollen. Für ihr Originalkostüm steht ein Schnittmuster zur Verfügung.

»Laverne« mechanische Puppe von Steiner

Steiner warb vor allem mit seiner Spezialisierung auf Sprechpuppen sowie auf mechanische Puppen, Gelenkpuppen und Bébés. Bei der Pariser Ausstellung von 1878 zeigte er mechanische Sprechpuppen und erhielt dafür eine Sibermedaille. Ein Kommentar der damaligen Zeit lobte, daß diese Bébés erstaunlich lebensecht waren.

Das letzte Patent erwarb Steiner – von Hause aus Uhrmacher – im Jahre 1890. Es war dies das französische Patent für eine Puppe, die mit einer Uhrwerkmechanik lief. Er nannte sie Bébés Premier Pas, was soviel bedeutet wie »Babys erster Schritt«.

Zu erkennen sind einige Steiner-Puppen an einer Markierung auf dem Rücken, einem blauen Kreis mit der Inschrift »Magasin des Enfants. Jouets et Jeux. Passage de l'Opéra. Paris.«

Die hier zu sehende mechanische Steiner-Puppe mit Biskuitkopf stellt ein Kind dar, das, sobald es aufgezogen ist, den Kopf dreht, die Beine schwingt, die Arme hebt und »Mama« und »Papa« ruft. Der Compositionskörper enthält den Mechanismus, sein unterer Teil ist mit Ziegenleder verkleidet. Die Form für den hier gezeigten Puppenkopf ist im Handel erhältlich. Da es relativ schwierig ist, ihn mit einem mechanischen Körper zu verbinden, wurde die Kopfform so geändert, daß man sie auch auf dem Halsansatz eines normalen Gelenkkörpers befestigen kann.

Es zahlt sich wirklich aus, diese ungewöhnliche Puppe mit ihrem offenen Mund – die obere und die untere Zahnreihe sind zu sehen – in eine Sammlung aufzunehmen, da bestimmte Merkmale späterer Steiner-Patente bei ihr bereits zu erkennen sind.

Das Bemalen der mechanischen Puppe von Steiner

Sie sehen, daß sich dieser Kopf allein schon durch den geöffneten Mund wesentlich von dem unterscheidet, den wir bereits auf Seite 66ff. kennengelernt haben. Man verwendete ihn für die mechanischen Puppen. Es gab aber auch eine Version als Bébé mit Gelenkkörper. Bei der mechanischen Puppe wurde der Hals am Ansatz abgeschnitten, ansonsten war die Form völlig gleich. Den Mund dieser Puppe schneiden Sie im Rohlingsstadium aus, wobei Sie genug Platz für die Zähne lassen müssen.

Es machte mir sehr viel Spaß, diese Puppe selbst herzustellen. Sie ist eine Nachbildung mit wirklich sehr viel Charme. Sie ist relativ leicht zu malen und eignet sich besonders gut für Anfänger. Malen Sie kurze, borstige Wimpern in Schwarz und einen schwarzen Rand um die Augenhöhle. Ihre Augenbrauen sind sehr stark gewölbt und ähnlich dünn wie bei den Modepuppen. Mischen Sie 1/2 Kastanienbraun, 1/4 Hellbraun und 1/4 Dunkelgelb. Malen Sie zuerst die Grundlinie des Bogens, und verdicken Sie sie dann leicht. Tupfen Sie mit Seide ab. Jetzt machen Sie die zarten, federartigen Striche. Richten Sie sich dabei nach dem Bemalungsschema und nach dem Detailfoto. Beachten Sie, daß die feinen Haarlinien zur Nasenwurzel hin ziemlich dicht nebeneinander gemalt werden.

Augen und Augenbrauen, Detail der Nachbildung

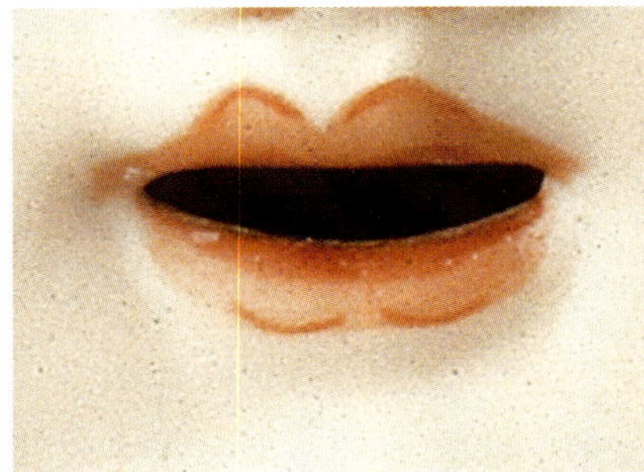
Lippen, Detail der Nachbildung

Bemalungsschema

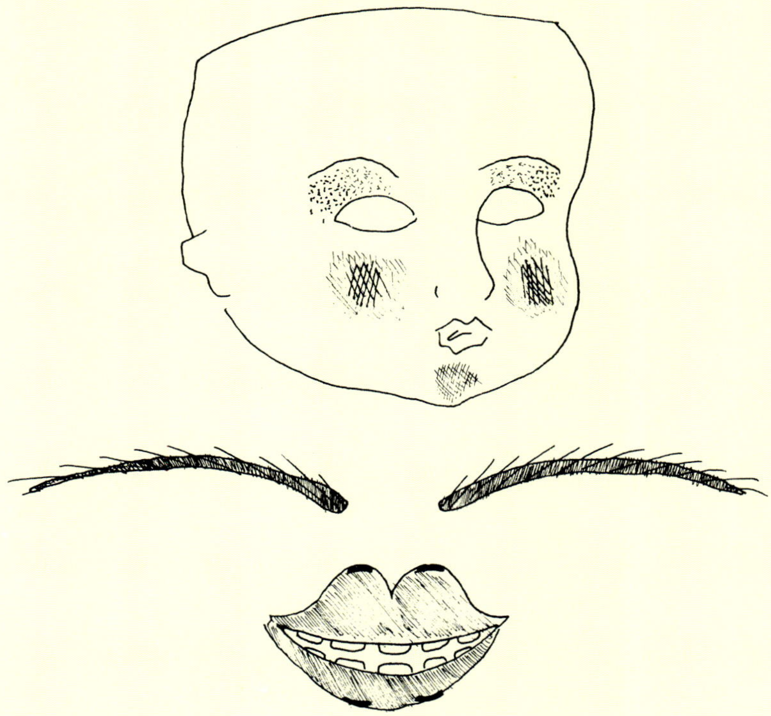

Farben

Wimpern	Schwarz
Augenbrauen	1/2 Kastanienbraun, 1/4 Hellbraun, 1/4 Dunkelgelb
Lippen	Französischrot
Wangenrot	Französischrot
Schattierung zwischen Auge und Augenbraue	Hellblau (ist zur Wangenrotfarbe hinzuzufügen)

Dann malen Sie den Mund. Verwenden Sie Französischrot, halten Sie die Tönung eher blaß, und vergessen Sie nicht die runden Punkte für die Nasenlöcher und für die inneren Augenwinkel. Nach dem Brennen arbeiten Sie die Betonungen auf den Lippen und den Nasenpunkten. Die Wangen habe ich bei dieser Puppe ebenfalls mit Französischrot getönt, das Kinn wurde akzentuiert (siehe Bemalungsschema).

Für die Schattierung zwischen Auge und Augenbraue mischen Sie ein wenig Hellblau mit einem Teil des vorher benötigten Französischrots. Verwenden Sie zum Auftragen ein kleines Stück in Seide gewickelten Plastikschaum.

Nicht zu erwähnen brauche ich wohl, daß Sie Ihre Puppe vor dem letzten Brennvorgang immer signieren und datieren müssen.

Die Puppe stellen Sie fertig, indem Sie ihr zunächst einige Zähne einsetzen, die ich bei meiner Nachbildung weggelassen habe. Die Mundöffnung ist jedoch so klein, daß vorgeformte Zähne nicht hineinpassen. Als Puppenmacher muß man manchmal recht einfallsreich sein, und mit Problemen dieser Art werden Sie wahrscheinlich schon das eine oder andere Mal konfrontiert. Die Zähne können Sie entweder aus selbsthärtendem Modellierton formen, wobei Sie sie einsetzen, solange die Masse noch feucht ist, oder aus weißem Karton, indem Sie kleine Zähne ausschneiden und einkleben.

»Laverne«, Nachbildung von Carol Ann Stanton

Nun brauchen Sie noch blaue Augen (14 mm ∅), einen französischen Puppenkörper Größe 32 und eine Mohairperücke. Wenn Sie möchten, können Sie aber auch selbst eine Schaffellperücke herstellen, wie sie für einige der Originalpuppen angefertigt worden sind.

»Chloé« unmarkierte Puppe von Petit & Dumontier (um 1878)

Diese hübsche Puppe wurde in Paris hergestellt, hat einen Körper mit acht Kugelgelenken und Metallhände. Ihr aufgeweckter Gesichtsausdruck, die zarte Farbtönung, die mandelförmigen Augen und die durchstochenen Ohrläppchen machen sie zu einer Puppe, die ehrgeizige Sammler gerne kopieren möchten.

Sie trägt ein reizendes, cremefarbenes Seidenkleid, das wie ein Zweiteiler aussieht. Es ist mit Spitzen und Bänder eingefaßt. Auf der Vorderseite sind Spitzen und Bänder eingearbeitet, der Rock ist leicht gefaltet. Unter dem Rock trägt sie eine leicht gepolsterte Turnüre, die Fülle verleiht. Die Vorderseite des Kleides wird von einem breiten Revers eingerahmt, wodurch das Ganze wie eine separate Jacke aussieht. An der Schulter stark gefältelte und am Ellbogen eingenähte Ärmel werden mit einem grob gerippten Seidenband abgeschlossen. An der Rückseite des Mieders befinden sich auf Höhe der Taille Abnäher. Die Druckknöpfe sind in einer dieser Falten sehr gut verborgen. Sie trägt passend zu ihren Strümpfen maschinengestrickte, fingerlose Fäustlinge und cremefarbene, seitlich geknöpfte Stiefel mit Silberschnallen. In einer Sammlung ergänzen sich die auf dem kleinen Bild zu sehenden drei französischen Puppen wunderbar. Von links nach rechts: Chérie von Jumeau (Seite 50), Chloé, Sophie von J.M. (Seite 78). Sie werden auch in Ihrer Puppensammlung ein reizendes Ensemble abgeben.

Beim Sammeln von Puppen sind Accessoires von besonderer Bedeutung: Schmuck, Uhrenketten und Uhren, Ohrringe, Kreuze und Ketten, Sonnenschirme, Hüte und Schuhe, Handschuhe und Fäustlinge, damit bekommen die Pueppen Ihrer Sammlung eine besondere Note. Die Mütter jener Zeit verwöhnten ihre Kinder und stellten von ihren eigenen, feinen Accessoires kleinere Kopien für die Kinder her. Dasselbe passierte dann noch einmal, indem die Kinder wiederum eine Kopie der Kopie für Ihre Puppen anfertigten.

Das Bemalen der unmarkierten Puppe von Petit & Dumontier

Augen und Augenbrauen, Detail der Nachbildung

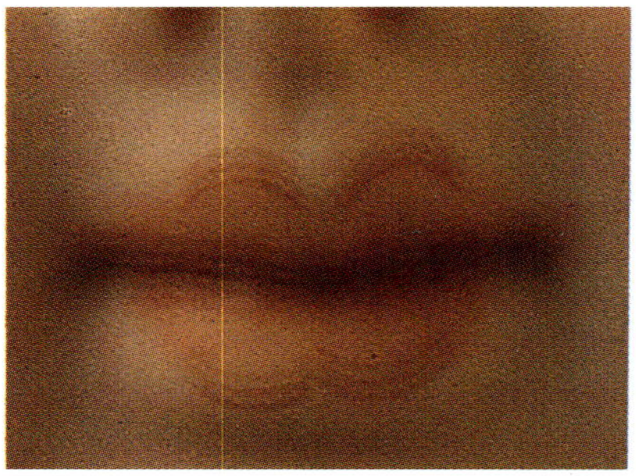

Lippen, Detail der Nachbildung

Wenn eine wunderschöne Puppe so selten ist wie diese hier, sehen wir wirklich, wie sinnvoll eine Nachbildung ist. Wie bei so vielen anderen Puppen in dieser Sammlung werden nur wenige Menschen die Gelegenheit haben, sie zu sehen, geschweige denn sie zu besitzen. Unsere Puppen sind aus der Sicht des 20. Jahrhunderts hergestellte Interpretationen der Kunst der Puppenmacher von vor hundert Jahren. Wenn wir allerdings zu Hause an der Arbeit sitzen, müssen wir uns immer wieder vergewissern, daß unsere Interpretation dem Original auch so ähnlich wie möglich wird.

Wenn Sie alte Fotografien von Kindern studieren, werden Sie bemerken, daß zwischen den Kindern heute und den Kindern vergangener Jahrhunderte Unterschiede in der Physiognomie bestehen. Wenn Sie alte Puppen studieren, werden Sie bald bemerken, daß die Künstler die Gesichtsausdrücke kleiner Mädchen eingefangen haben, deren Leben recht kontrolliert und eingeschränkt ablief. Die Puppen selbst sind Miniaturnachbildungen ihrer jungen Besitzer.

Wenn Sie den Kopf für das Bemalen vorbereiten, müssen Sie besonders darauf achten, daß die Augen sehr lang und mandelförmig in den Rohling geschnitten werden.

Die Wimpern malen Sie mit kurzen, feinen Pinselstrichen

Bemalungsschema

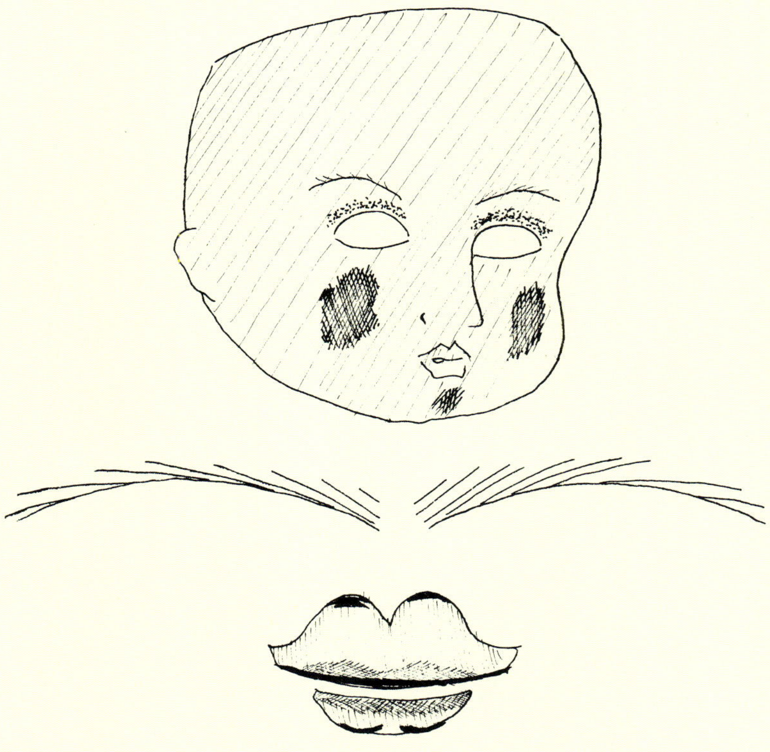

Farben

Wimpern	Grauschwarz
Augenbrauen	3/4 Goldbraun, 1/4 Dunkelgelb
Lippen	Pompadourrot
Wangenrot	3/4 Blutrot, 1/4 Dunkelrot
Schattierung zwischen Auge und Augenbraue	Hellblau (ist zur Wangenrotfarbe hinzuzufügen)

gleicher Länge. Dabei verwenden Sie Grauschwarz und versehen auch die Augenhöhle mit einem Rand.

Die Augenbrauen besitzen eine weiche goldbraune Farbe. Verwenden Sie eine Mischung aus 3/4 Goldbraun und 1/4 Dunkelgelb. Beachten Sie, daß die Augenbrauen genau parallel zum Nasenrücken enden.

»Chloé hat einen atemberaubenden Mund. Verwenden Sie Pompadourrot, das verhältnismäßig ölig angemischt wird. Malen Sie die Grundform, lassen Sie zwischen den Lippen eine Linie frei. Tupfen Sie mit Seide oder einem trockenen Pinsel ab, damit die Farbe weich und hell bleibt. Vergessen Sie auch nicht die Punkte für die Nasenlöcher und für die inneren Augenwinkel. Brennen Sie dann den Kopf. Im Anschluß daran werden die Lippen schattiert und betont, wie im Bemalungsschema angegeben, gleichzeitig werden die Nasenlöcher akzentuiert. Danach wird der Kopf erneut gebrannt.

Die Puppe hat eine sehr rosige Gesichtsfarbe. Ich habe die Tönung daher aus drei Brennvorgängen aufgebaut. Wenn Sie all die in diesem Buch vorgestellten Puppen zum Leben bringen wollen, liegt das Geheimnis in der Tönungstechnik. Sie werden auf den Tönungstabellen sehen, wie unterschiedlich sich die Tönungsintensität den verschiedenen Gesichtern anpaßt. Das ist fast ganz so wie bei einem Make-up!

Ölen Sie das ganze Gesicht mit einem dünnen Film aus Kopaivaöl ein, und verwenden Sie eine Mischung aus 3/4 Blutrot, 1/4 Dunkelrot und Kopaivaöl für die Tönung. Tupfen Sie die Farbe sehr leicht auf das gesamte Gesicht, bauen Sie die Farbintensität dort auf, wo dies angezeigt ist (siehe Bemalungsschema). Nehmen Sie ein weinig von dieser Mischung, fügen Sie Hellblau hinzu, und schattieren Sie zwischen Auge und Augenbraue.

»Chloé«, Nachbildung von Carol Ann Stanton

Bitte beachten Sie: Wenn ich eine sehr blasse Gesichtstönung erzielen möchte, verwende ich Lavendelöl, da es schnell verdunstet und Sie im Ofen weniger Farbe verlieren. Verwenden Sie Kopaivaöl auch im Gesicht, wenn Sie in den rosa Tönungen mehr Farbdichte wünschen.

Die Puppe von Petit & Dumontier wird dann mit graublauen Augen (18 mm ∅) und einem französischen Puppenkörper Größe 32 fertiggestellt. Ihre Kleider sind ganz wunderbar, und ich weiß, daß es Ihnen großes Vergnügen bereiten wird, sie zu schneidern.

»Sophie«
Puppe mit der Markierung »J. M.«

Diese seltsam geheimnisvolle Puppe ist eine Rarität. Über ihren Hersteller findet man nur schwer genaue Informationen. Sie sieht einigen der kostbaren Bébés von Mothereau aus den 80er Jahren des vorigen Jahrhunderts sehr ähnlich. Ich persönlich finde, daß sie eine wunderschön nachzubildende Puppe ist und die unterschiedlichsten Sammlungen um ein kostbares Stück erweitert.

Das Sammeln von Puppen ist ein faszinierendes Steckenpferd. Es macht mir unbändige Freude, einen ganzen Tag lang meine wunderschönen Puppen neu zu arrangieren. Immer wenn ich eine Puppe aus ihrer Vitrine nehme, kann ich sie stundenlang nur ansehen und mich an ihren Kleidern erfreuen. Obwohl ich Puppen oft lange Jahre besitze, entdecke ich doch immer wieder neue kleine Details.

Das Kleid von Sophie wurde aus einem cremefarbenen schlichten Wolltuch hergestellt und an den Hüften mit roten Seidenschleifen eingefaßt. Das Vorderteil des Kleides ist geschickt so drapiert, daß sich der Eindruck eines Zweiteilers ergibt. Der Rükken ist in der Mitte gefältelt, der Saum des Kleides mit einer breiten, cremefarbenen Seidenspitze besetzt. Das reitende Tam-O'Shantor-Barett besteht ebenfalls aus cremefarbenem Wolltuch und ist mit einer Schleife und einer Feder geschmückt. Die gewirkten Strümpfe sind kastanienbraun, die braunen Schuhe sind mit »Jumeau Déposé« markiert.

Das zweite Kostüm von Sophie, das Sie auf Seite 81 sehen, könnte einem Kind um das Jahr 1880 gehört haben. Es ist aus Seide und im Prince-of-Wales-Stil marineblau, rot und cremefarben kariert. Der weinrote, in Falten gelegte Einsatz ist – wie die Schleifen an der Hüfte und an den Ärmelaufschlägen – ebenfalls aus Seide. Der gefütterte Rock ist mit maschinell hergestellter, cremefarbener Spitze besetzt. Der bezaubernde hohe Hut ist aus cremefarbenem Filz, der reich mit weinroten Samtbändern und -schleifen besetzt wurde. Die Schuhe von Sophie sind aus schwarzem Leder, darüber trägt sie weinrote Filzgamaschen. Die gewirkten Strümpfe sind ebenfalls weinrot.

Das Bemalen der Puppe mit der Markierung »J. M.«

Die J. M.-Puppe hat ein spitzbübisches Gesicht, das sich sehr von dem anderer Puppen unterscheidet. Ich weiß, daß Sie sie mit Vergnügen malen und Ihrer Sammlung einverleiben werden! Wenn wir Puppengesichter studieren, sollten wir nie die Künstler und Modelleure vergessen, die sie vor so vielen Jahren geschaffen haben. Sie hatten die schwierige Aufgabe, die Kinder ihrer Zeit in vereinfachter Form nachzubilden. Die Formen waren für die Massenproduktion der Spielzeugindustrie bestimmt. Komplizierte Merkmale erhöhten nur die Produktionskosten. Es wurde daher versucht, mit dem geringsten Aufwand an Details Modelle herzustellen, die das Auge fesselten. Sie können sehen, wie es den Malern gelang, jede einzelne Form zu variieren und immer neue Gesichter zu schaffen. Interessant ist, daß sich die Methode zur Herstellung und Bemalung der Biskuitkopfpuppen im Verlauf der 50 Jahre, in denen sie produziert wurden, kaum veränderte.

Mit Grauschwarz malen Sie zunächst die feinen und kurzen Wimpern, die die Augen umrahmen, sowie einen leichten Rand um die Augenhöhlen.

Die rechte Augenbraue der Puppe ist leicht angehoben und verleiht ihr einen fragenden Gesichtsausdruck. Beide Augenbrauen sind gewölbt. Mischen Sie 1/2 Dunkelbraun, 1/4 Hellbraun

Augen und Augenbraue, Detail der Nachbildung

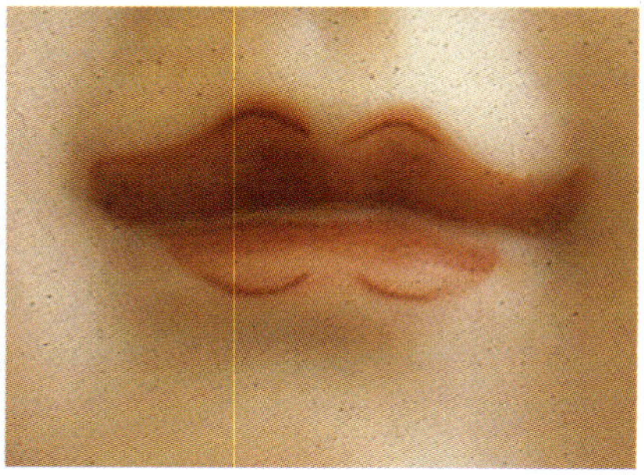

Lippen, Detail der Nachbildung

Bemalungsschema

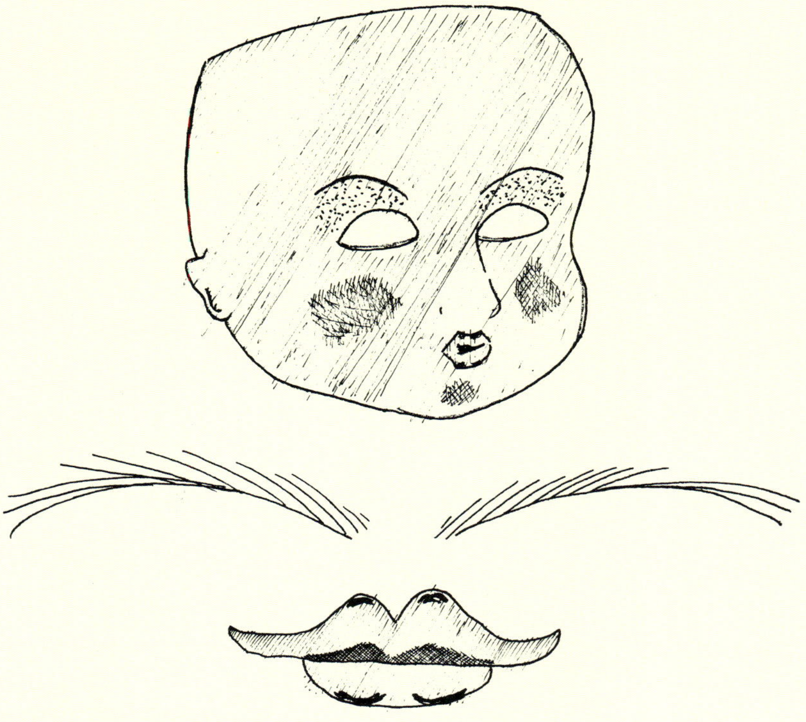

Farben

Wimpern	Grauschwarz
Augenbrauen	1/2 Dunkelbraun, 1/4 Hellbraun, 1/4 Grün
Lippen	Französischrot
Wangenrot	3/4 Blutrot, 1/4 Dunkelrot
Schattierung zwischen Auge und Augenbraue	Dunkelgrau (ist zur Wangenrotfarbe hinzuzufügen)

und 1/4 Grün, beginnen Sie wie üblich mit den beiden Grund- oder Positionslinien. Sobald Sie das Skelett der feinen Linien fertiggestellt haben, schattieren Sie dazwischen, wobei Sie sorgfältig darauf achten müssen, nicht zuviel Farbe zu verwenden. Der Pinsel arbeitet wie von selbst, wenn Sie den Kopf beim Malen der Brauen seitlich halten.

Die Lippen sind leicht geöffnet. Malen Sie die Grundform des Mundes glatt mit Französischrot, beachten Sie dabei, daß die Oberlippe rechts stärker hochgezogen wird, um ein Lächeln zu markieren. Malen Sie auch die länglichen Nasenpunkte und die inneren Augenwinkel.

Nach dem Brennen fügen Sie die Betonung der Lippen, der Nasenpunkte sowie der Punkte in den inneren Augenwinkeln dazu. Tönen Sie mit 3/4 Blutrot und 1/4 Dunkelrot, und richten Sie sich dabei nach dem Bemalungsschema.

Die Schattierung zwischen Auge und Augenbraue ist sehr ausgeprägt. Fügen Sie der Mischung für die Gesichtstönung Dunkelgrau hinzu, und führen Sie die Schattierung aus.

Beachten Sie, daß die Farbe stets blasser wird, je mehr Öl Sie verwenden. Mischen Sie außerdem die Farbe für die Tönung der Wangen immer etwas dunkler an als für das Endergebnis erforderlich. Die J.M.-Puppe stellen Sie fertig, indem Sie dunkelblaue oder graue Augen (18 mm ∅) und einen französischen Puppenkörper Größe 32 anbringen. Für das Kostüm sind Schnittmuster erhältlich.

»Sophie«, Nachbildung von Carol Ann Stanton

»Viviane« Bébé-Puppe mit der Markierung »A. V.«

Trotz langen Suchens war es nicht möglich, in der Literatur einen Hinweis auf die Markierung »A.V.« zu finden, die sich am Hinterkopf der Puppe befindet. Der Kopf erinnert stark an die qualitativ guten Bébé-Mothereau-Gesichter oder auch an einige Gaultier-Typen; das Biskuit ist allerdings erheblich besser.

Es ist sehr schön, diese seltene Puppe in der Sammlung zu haben, selbst wenn es noch einige Jahre dauern sollte herauszufinden, welcher Hersteller sie produziert hat.

Ich habe die Gelegenheit wahrgenommen, die Augen und die Perücke auszutauschen, um Ihnen zu zeigen, wie Farbe den Charakter eines Puppengesichts verändern kann. Ich mag die »A.V.« eigentlich lieber mit den braunen Paperweight-Augen und dem sonnigen, braunen Haar. Sie geben ihr ein weicheres Aussehen und betonen die reizvolle Persönlichkeit. Damit will ich Sie nicht ermuntern, nach Belieben Augen und Perücken Ihrer intakten Puppen zu tauschen; bei Vivan handelte es sich jedoch um ein beschädigtes Exemplar. Ihr reizvolles Gesicht mußte aufwendig restauriert werden, da über ihre Stirne und quer über ihre Nasenwurzel ein Sprung lief. Leider war auch eines ihrer Paperweight-Augen stark beschädigt und nur durch einen glücklichen Zufall fand ich ein Paar gleich große Ersatzaugen. Obwohl ich zunächst keineswegs die Absicht hatte, die Originalfarbe auf Dauer von Blau in Braun zu ändern, behielt ich die neue Farbgebung dann doch bei, weil sie sehr attraktiv und außergewöhnlich aussieht.

Gekleidet ist Viviane in einen schweren samtseidenen Mantel, der nicht geschlossen wird. Gefüttert ist er mit rosafarbener Seide. Der auf den Samt genähte Spitzenkragen stellt eine Art Schulterbesatz dar. Die Krawatte und der dazu passende Muff sind aus Kaninchenfell gearbeitet.

Die Puppe besitzt ein passendes Handtäschchen aus rotem Samt, das ein feines Batisttaschentuch und einen goldenen Puppensovereign enthält. In den durchstochenen Ohrläppchen trägt sie normalerweise Ohrringe aus roten Glasperlen, außerdem hat sie eine goldene Kette, deren Kreuz mit roten Steinen besetzt ist. Das Schuhwerk besteht aus hellbraunen, hochgeschnürten Stiefeln; auf der Sohle finden wir die eingeprägten Konturen einer Dame sowie die Überreste eines Papierschildchens, auf dem zu lesen steht: »Grands Ma... de Samarit..., Par...«. Der Rest ist abgerissen.

Das Bemalen der Bébé-Puppe mit der Markierung »A. V.«

Augen und Augenbrauen, Detail der Nachbildung

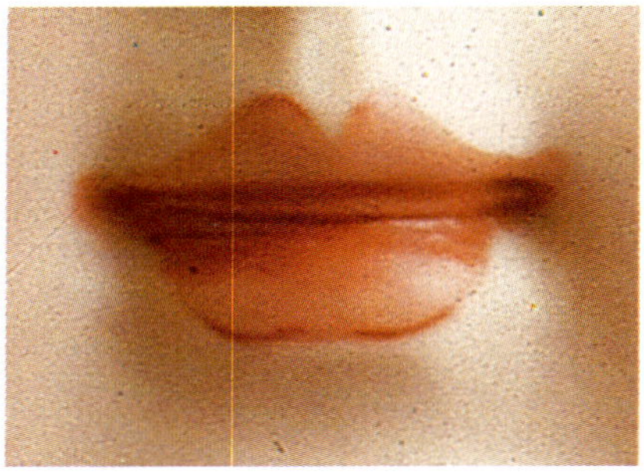

Lippen, Detail der Nachbildung

Die »A.V.« ist eine sehr kindliche Puppe mit pausbäckigem Gesicht und sanftem Ausdruck. Sie wird in Ihrer Sammlung im wahrsten Sinne des Wortes einen herausragenden Platz einnehmen, da selbst die Nachbildung immer noch sehr groß ist. Das Bemalen ist nicht ganz einfach, so habe ich beispielsweise zweimal den Fehler gemacht, ihren Mund zu groß zu malen. Die Farbtöne in ihrem Gesicht sind lebhaft, aber subtil, eine der schwierigsten Aufgaben für den Nachbildungskünstler.

Nehmen Sie Schwarz, und malen Sie feine Wimpern, die rund um die Augenlider fast gleich lang sind. Verdicken Sie die Wimpern an ihrem Ursprung. Versehen Sie die Augenhöhle mit einem leichten Rand.

Die Augenbrauen sind eine Mischung aus 1/2 Goldbraun, 1/4 Hellbraun und 1/4 Kastanienbraun. Sie bilden einen relativ hohen Bogen, der die Augen umrahmt und ihnen einen sehr wachen Ausdruck verleiht.

Die Puppe hat dunkle, verlängerte Nasenpunkte. Vergessen Sie nicht, daß die meisten Puppen auch Punkte im inneren Augenwinkel haben, so natürlich auch diese. Verwenden Sie dafür und für den Mund Französischrot, tupfen Sie die Farbe aber nicht ab. Achten Sie beim Anrühren darauf, daß die Farbe geschmeidig und nicht zu dunkel wird. Wenn Sie einen Mund malen, verwenden Sie

Bemalungsschema

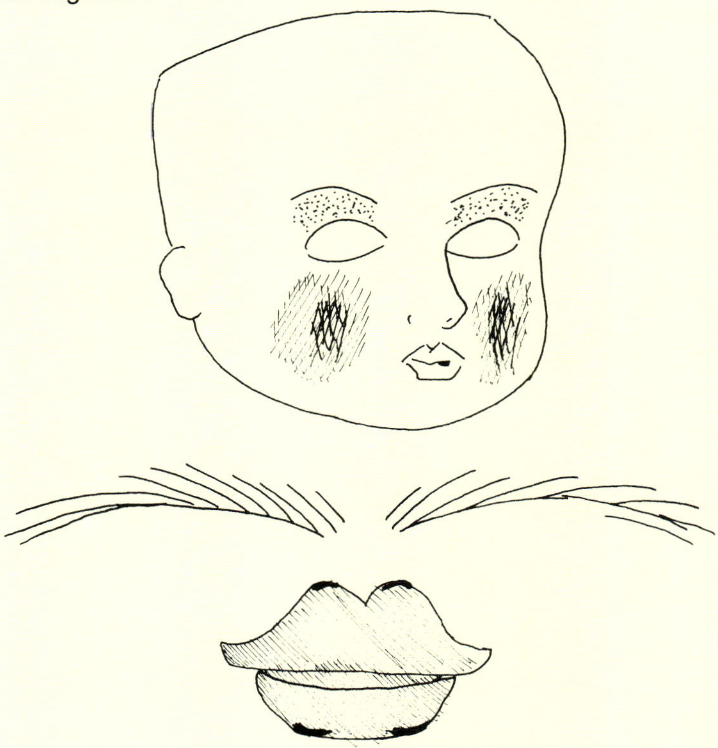

Farben

Wimpern	Schwarz
Augenbrauen	1/2 Goldbraun, 1/4 Hellbraun, 1/4 Kastanienbraun
Lippen	Französischrot
Wangenrot	3/4 Blutrot, 1/4 Dunkelrot
Schattierung zwischen Auge und Augenbraue	Dunkelgrau (ist zur Wangenrotfarbe hinzuzufügen)

zum Auftragen der Farbe immer die flachen Katzenzungenpinsel. Wenn Sie Farbe entfernen oder den Mund trockener und heller machen wollen, ist das Abtupfen mit Seide am einfachsten. Sie können aber auch einen trockenen, sauberen Pinsel zu Hilfe nehmen. Nach dem Brennen schattieren und betonen Sie den Mund, achten Sie darauf, daß diese Puppe ein sehr süßes Lächeln hat! Denken Sie auch an die Akzentuierung der Nasenpunkte. Die Wangen habe ich mit 3/4 Blutrot und 1/4 Pompadourrot getönt. Für die Schattierung zwischen Auge und Augenbraue wurde dieser Mischung noch Dunkelgrau hinzugefügt.

Mit braunen oder blauen Augen (24 mm ∅) und einem französischen Puppenkörper Größe 47 vervollständigen Sie die Puppe.

In den vorangegangenen Bemalungsanleitungen habe ich stets zur Vervollständigung Augen in der Farbe angegeben, die Jackie Jacobs' Originalpuppen haben. Selbstverständlich können Sie da variieren.

Eine gute Idee ist es auch, Ihren Nachbildungen einen Satz Unterwäsche zu schneidern, da damit die harten neuen Körper, die wir leider verwenden müssen, etwas weichere Konturen erhalten. Vergessen Sie auch nicht, daß die Bekleidung der alten Puppen immer der Mode entsprach, die die Kinder damals trugen. Diese hatten aber zahlreiche Schichten feingearbeiteter Unterwäsche, was durch den damaligen Kleidungsstil notwendig war. Sie werden herausfinden, daß die Oberkleider schön fallen,

»Viviane«, Nachbildung von Carol Ann Stanton

wenn sich darunter die richtigen Unterkleider befinden. Ich meine, daß schon ein dicker Unterrock aus Flanell oder Wolle das Aussehen und das »Gefühl« einer großen Puppe recht deutlich verändert. Ich ziehe meinen Puppen auch gestrickte Westen oder Hemdchen an und sehe mich nach alten Materialien um.

»Amber«
französische Miniaturpuppe aus Ganzbiskuit mit der Markierung »F.G.«

»Alisa«
deutsche Miniaturpuppe aus Ganzbiskuit von Kestner

Das Sammeln von Ganzbiskuitpuppen ist sehr aufregend und ein wunderschöner Teil der Puppenwelt. Wenn Sie sich die kleinen Gesichter der Ganzbiskuitpuppen genau ansehen, dann können sie oft in Miniaturform das Gesicht einer größeren markierten Puppe erkennen.

Je mehr Sie sich mit diesen kleinen Puppen beschäftigen und mit ihnen spielen, desto mehr werden Ihre Augen für ihre individuellen Persönlichkeitsmerkmale geschärft. Viele wurden in den Koffern von französischen Bébé-Puppen gefunden. Sie waren wohl die Puppen der Puppen.

Sehr nett ist es auch, die Puppen in kleinen Gruppen zusammenzustellen. Im nebenstehenden Bild sehen Sie sie mit noch kleinerem Miniaturspielzeug.

Die größere Ganzbiskuitpuppe Amber ist eine echte französische Puppe. Sie trägt hinten auf dem Hals das Zeichen »F.G.«. Diese Originalpuppe ist 27 Zentimeter groß, was sie zu einem besonders seltenen Modell macht, da größere Ganzbiskuitpuppen von Sammlern sehr gesucht werden. Das andere reizende Kind ist Alisa, mein bevorzugtes Mädchen von Johann Daniel Kestner. Es ist 20,5 Zentimeter groß.

Das Bemalen der Miniaturpuppen aus Ganzbiskuit

Ich hatte mich schon immer leidenschaftlich für die Ganzbiskuitpuppen interessiert, vor allem seit ich selbst zum Puppenmacher geworden war. Ich kann nun die winzige Detailarbeit der ursprünglichen Hersteller erst richtig schätzen; sie brauchten in der Tat viel Geduld, um diese kleinen Puppen herzustellen.

Wenn Sie die einzelnen Teile des Körpers gießen, achten Sie darauf, daß Ihre Porzellangießmasse dünn genug ist, um durch die kleinen Löcher ablaufen zu können. Die Löcher im Rumpf, in den Armen und in den Beinen müssen im Rohlingsstadium sorgfältig geschnitten werden, so daß die Puppen später ordentlich aufgezogen werden können (siehe Seite 90f.). Achten Sie darauf, daß die Halsansätze groß genug für den Kopf sind.

Die originalen F.G.-Puppen sind nicht sehr sorgfältig bemalt, was Sie der Fotografie des Originals (Seite 87) sehr gut entnehmen können. Es bleibt Ihnen freigestellt, ob Sie genauso lebhaft bemalen wollen, wobei Sie allerdings mit exakteren Pinselstrichen etwas bessere Ergebnisse erzielen sollten.

Wenn Sie Ambers Bemalung nacharbeiten, so nehmen Sie für die Augen und für die Umrandung der Augenhöhlen Schwarz.

Die Augenbrauen bestehen in einem einzelnen Strich aus 3/4 Dunkelbraun und 1/4 Schwarz.

Amber: Augen und Augenbrauen, Detail der Nachbildung

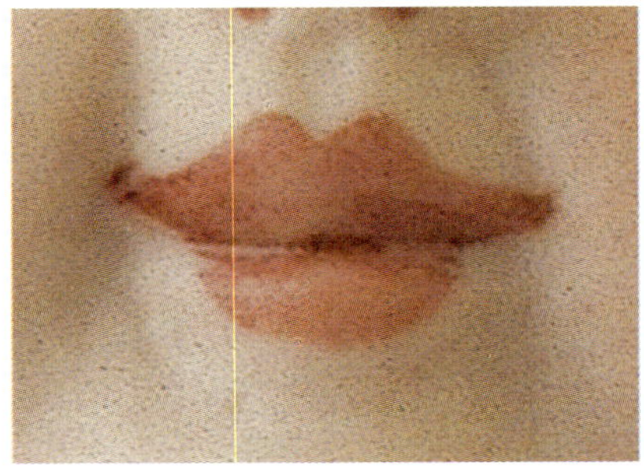

Lippen, Detail der Nachbildung

Farben (Amber)		
	Wimpern und Stiefel	Schwarz
	Augenbrauen	3/4 Dunkelbraun, 1/4 Schwarz
	Lippen	Französischrot
	Wangenrot	Dunkelrot
	Körper	Pompadourrot
	Strümpfe	Weiß
	Strumpfrand	Grauschwarz

Alisa: Augen und Augenbrauen, Detail der Nachbildung

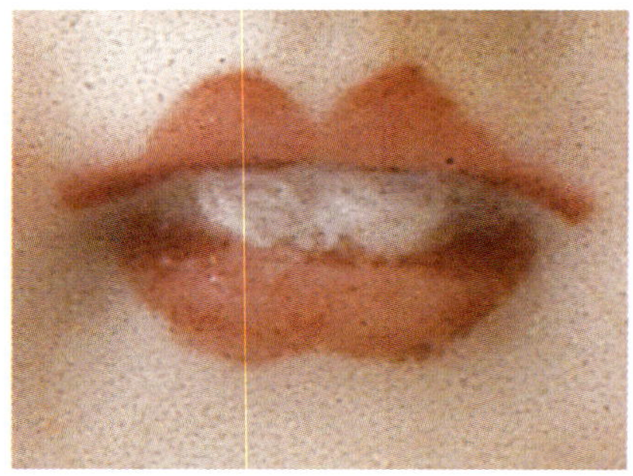

Lippen, Detail der Nachbildung

Farben (Alisa)		
	Wimpern und Schuhe	Schwarz
	Augenbrauen	Goldbraun
	Lippen	Französischrot
	Wangenrot, Körper	Pompadourrot
	Strümpfe	Weiß
	Strumpfrand	Grauschwarz

Fädeln Sie das Gummiband durch die Halsöffnung, durch den Rumpf und durch beide Oberschenkel; befestigen Sie anschließend den Kopf auf dem Rumpf. Ziehen Sie das Gummiband fest an, bis die gewünschte Spannung erreicht ist. Verstopfen Sie dann die äußeren Löcher in den Beinen mit entsprechend zugeschnittenen Pflöcken, so daß das Gummiband nicht herausrutschen kann. Schneiden Sie überstehendes Gummiband und Holz ab, glätten Sie die Stellen und sichern Sie die Verbindungen mit etwas Klebstoff (3).

Zur Befestigung der Arme fädeln Sie ein Stück Gummiband durch das innere und durch das äußere Loch des einen Armes und klemmen es mit einem zurechtgeschnittenen Pflock fest. Dann ziehen Sie das Gummi durch den Rumpf und durch die beiden Löcher im anderen Arm. Ziehen Sie das Band fest an, und befestigen Sie es auf die bekannte Art und Weise (Pflock). Überstehendes Holz und Gummi werden abgeschnitten, dann sind die Stellen noch zu glätten und mit Kleber zu sichern. Fertig! (4)

Zweite Variante

Nachdem Sie alle Teile der Ganzbiskuitpuppe fertiggestellt haben, können Sie an der Innenseite der Arme und Beine jeweils eine Öffnung bohren. In diesen Öffnungen befestigen Sie jeweils einen der im Handel erhältlichen Spezialhaken. Sollten diese zu groß sein, bringen Sie einen hakenförmig gebogenen Draht an einem Stück Holz oder Kork an. Genauso bereiten Sie einen Haken für die Halsöffnung vor.

Bringen Sie dann ein Gummiband am Halshaken an, und binden Sie es zu einer Schleife. Achten Sie darauf, daß das Gummi die richtige Länge hat, um später gespannt werden zu können. Fädeln Sie das Gummiband durch die Halsöffnung und durch den Rumpf; befestigen Sie anschließend den Kopf auf dem Rumpf. Ziehen Sie das Band zuerst an den Beinöffnungen und dann an den Armöffnungen heraus, und haken Sie Beine und Arme ein (5 und 6).

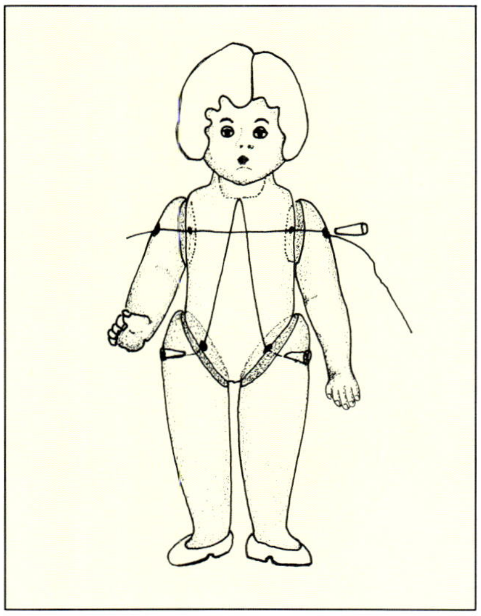

4. Ein zweites Gummiband wird durch Körper und Arme gefädelt und ebenfalls sorgfältig befestigt.

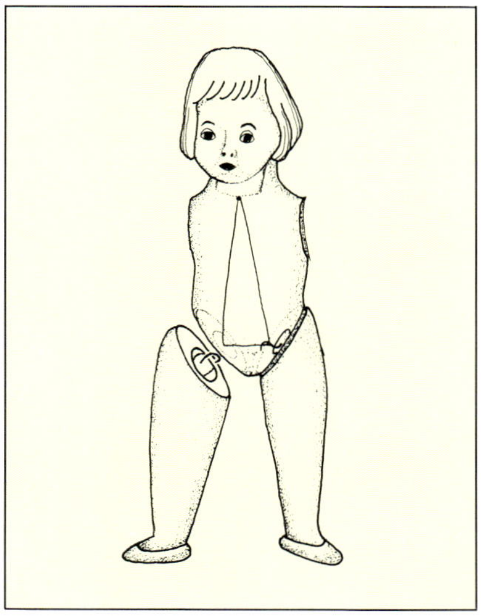

5. Zweite Variante: Spezialhaken werden in Bein- und Armöffnungen sowie in die Kopföffnung eingeklinkt. Das Gummiband wird am Kopfhaken befestigt und an den Beinöffnungen herausgezogen, um die Beine einhaken zu können.

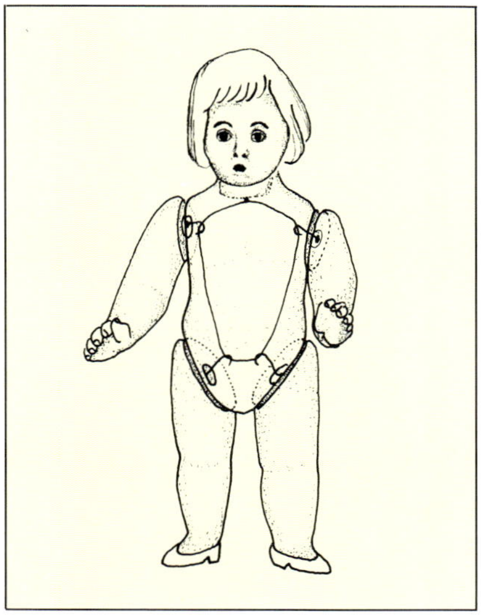

6. Anschließend wird das Gummiband an den Armöffnungen herausgezogen, so daß die Arme eingehakt werden können.

»Max und Moritz« deutsche Charakterpuppen aus Ganzbiskuit

Diese hübschen Ganzbiskuitmodelle mit Kurbelkopf sind Charaktere, die sich an Zeichnungen von Wilhelm Busch anlehnen. Die Originale sind 13 Zentimeter hoch.

Max hat dunkelbraunes Haar mit einer kurzen Stirnlocke, seine blauen, eingeschnittenen Augen schauen nach links. Der Mund ist breit und hat die Farbe einer Wassermelone. Die Arme sind gerade, die Finger gespreizt. Max' Stiefel reichen bis zum Knöchel und sind goldbraun. Moritz hat karottenrotes Haar mit einem kleinen Schopf in der Mitte seines Kopfes. Blaue, eingeschnittene Augen sehen nach rechts. Der Mund ist halb geöffnet und hat ebenfalls die Farbe einer Wassermelone. Die Arme sind angewinkelt. Zeigefinger und Daumen der rechten Hand sowie der Zeigefinger der linken Hand werden weggestreckt. Moritz trägt spitze Schnabelschuhe.

Beide Puppen sind in ihrer Originalkleidung dargestellt. Wie Sie der Fotografie entnehmen können, ist es nicht allzu schwer, sie zu kopieren. Es macht sehr viel Spaß, Max-und-Moritz-Puppen nachzubilden, zumal sie in Ihrer Sammlung sicher ein bezauberndes Paar abgeben werden, das recht lustige Positionen einnehmen kann.

Das Bemalen der deutschen Charakterpuppen aus Ganzbiskuit

Ein lustiges Pärchen, das sind die beiden wirklich, und ich habe viel Freude an ihnen. Da beide Puppen eingeschnittene Augen haben, malen Sie zuerst eine schwarze Linie über den Augen und dann in Blau die vertiefte Iris. Nach dem ersten Brennen fügen Sie scharze Pupillen und weiße Betonungen dazu.

Die Lippen, die Nasenlöcher und die inneren Augenwinkel werden mit Pompadourrot gemalt, die Augenbrauen mit Kastanienbraun.

Beide Puppen haben glänzendes Haar und blank polierte Schuhe. Das erreichen Sie, indem Sie die Farbe dick mit Kopaivaöl mischen und mit dem Pinsel auf dem Kopf verteilen. Für das Haar von Max nehmen Sie 1/2 Schwarz, 1/4 Braun und 1/4 Grün. Vergessen Sie nicht die feinen Haarsträhnen auf der Stirn. Die Haarfarbe bei Moritz besteht aus 1/2 Hellbraun und 1/2 Goldbraun. Verwenden Sie diese Mischung auch für die Schuhe beider Figuren.

Die Tönungsfarbe für Wangen und Körper ist Dunkelrot.

Unsere Sammlung haben wir nun vervollständigt. Ich hoffe, daß Sie mit Ihren Puppen genausoviel Freude haben werden wie ich mit meinen.

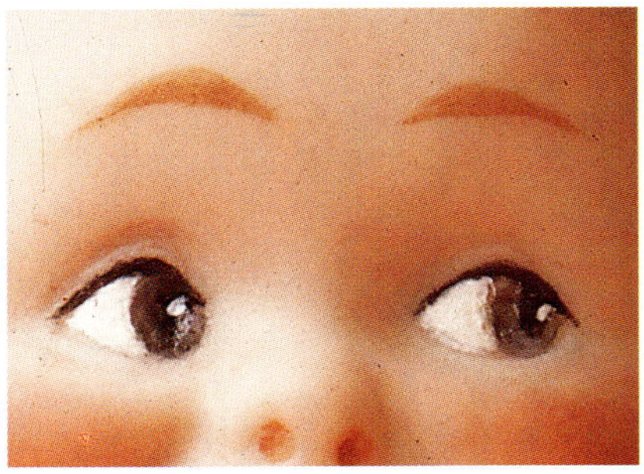

Max: Augen und Augenbrauen, Detail der Nachbildung

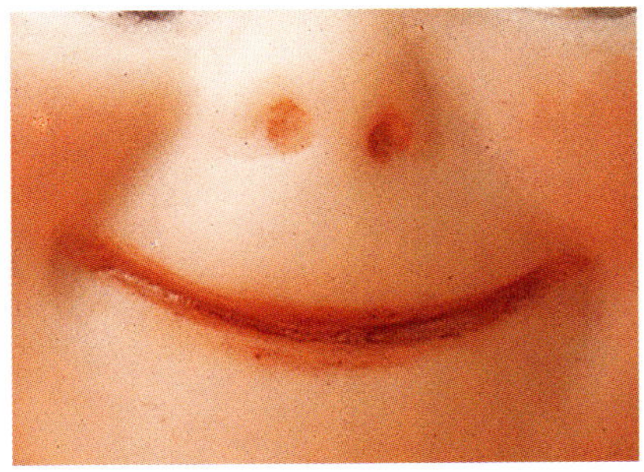

Lippen, Detail der Nachbildung

Moritz: Augen und Augenbrauen, Detail der Nachbildung

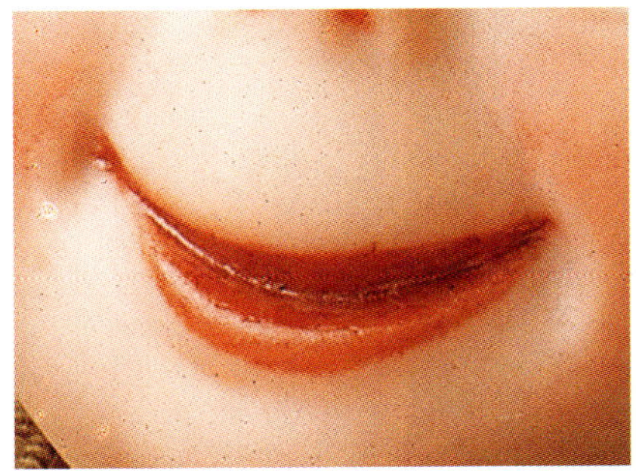

Lippen, Detail der Nachbildung

Farben

Linie über den Augen	Schwarz
Iris	Blau
Pupillen	Schwarz (mit weißen Betonungen)
Lippen	Pompadourrot
Augenbrauen	Kastanienbraun
Haare	1/2 Schwarz, 1/4 Braun, 1/4 Grün (Max); 1/2 Hellbraun, 1/2 Goldbraun (Moritz)
Schuhe	1/2 Hellbraun, 1/2 Goldbraun
Körper	Dunkelrot

»Max und Moritz«, Nachbildungen von Carol Ann Stanton

Einführung in die Restaurierungsarbeit

Eine besondere Vorliebe habe ich dafür, schlecht behandelte Kostbarkeiten herzunehmen und sie wieder zum Leben zu erwecken; und ich würde mich eher als Sammlerin von Erinnerungsstücken aus meiner Jugendzeit bezeichnen als eine Sammlerin extrem teurer, perfekter Puppen, die als Investition erworben werden.

Viele von Ihnen werden mir zustimmen, daß eine übermäßig restaurierte Puppe das Auge eher stört als ein feiner Haarriß. Restaurierte Puppen müssen als solche akzeptiert werden. Man sollte sie keinesfalls nichtsahnenden Käufern als perfekt und unbeschädigt andrehen.

Die Arbeit des Säuberns und des Restaurierens kann gefährlich sein und gegebenenfalls mehr schaden als nutzen. Wenn Sie nicht ganz genau Bescheid wissen, suchen Sie bitte Rat. Oft ist man versucht, alte Puppen neu einzukleiden und mit einer neuen Perücke zu versehen. Bitte denken Sie immer daran, die alte Kleidung und die alten Perücken, selbst wenn Sie unansehnlich geworden sind, aufzuheben. In der Vergangenheit wurde eine Menge wichtiges Anschauungsmaterial zerstört, das uns bei der Datierung alter Puppen von großem Nutzen gewesen wäre. Es ist also immer besser, zuviel aufzubewahren als zuviel wegzuwerfen.

Der Einsatz einer Spritzpistole ist eine Kunst für sich. Wir können zwar sehr genau schildern, wie eine zerbrochene Puppe zu restaurieren und zu bemalen ist, die Leser allerdings müssen die grundlegenden Fertigkeiten im Umgang mit der Spritzpistole üben, was mehrere Stunden Praxis erfordert. Auch hier gilt – wie für das Restaurieren von Puppen überhaupt – »Übung macht den Meister«.

Für die durchschnittliche Puppe können wir auch Ratschläge für die Mischung der Farben geben. Der Leser muß allerdings die Farben testen, bevor er mit dem Restaurieren beginnt, da sie sich beim Trocknen leicht ändern und die Puppen dann unvorhergesehene Abweichungen in der Farbtönung aufweisen.

Wir brennen unsere restaurierten Puppen nicht in einem Ofen und können die Restaurierung daher nicht als dauernd ansehen. Das hat jedoch auch Vorteile, weil jeder Teil der Restaurierung wieder entfernt werden kann, ohne daß die Puppe weiter beschädigt wird.

Den folgenden Ratschlägen sollten Sie besondere Aufmerksamkeit schenken, speziell dann, wenn Sie beschädigte oder restaurierte Puppen besitzen.

Auch eine kleine Puppensammlung will regelmäßig gepflegt werden. Wenn sie nicht in einer Vitrine ausgestellt sind, setzt sich auf den Biskuitköpfen bald eine dünne Schicht Schmutz ab, vor allem wenn das Haus auch von Rauchern bewohnt wird. Tabakrauch ist für alte Materialien sehr schädlich und beeinträchtigt vor allem restaurierte Puppen. Raucher sollten also möglichst von ihnen ferngehalten werden.

Unbedeckte Perücken werden sehr staubig, auch in den saubersten Wohnungen. Das ist ein guter Grund, die Köpfe mit Hüten oder Hauben irgendeiner Art zu bedecken.

Es ist immer ratsam, eine Puppensammlung hinter Glas aufzubewahren. Versuchen Sie, Schwankungen der Temperatur oder der Luftfeuchtigkeit zu vermeiden. Schützen Sie die Puppen vor allem vor Hitze, Staub, Feuchtigkeit und starkem direktem Sonnenlicht.

Restaurierungsmethoden und Ratschläge

Bei allen Puppen – seien sie nun aus Porzellan oder Biskuit –, die restauriert werden sollen, beginnt man auf die gleiche Art und Weise: Entfernen Sie den Kopf vom Körper. Nehmen Sie anschließend behutsam die Perücke ab.

Wenn auf dem Kopf Spuren von alter Farbe oder Knochenleim vorhanden sind, empfehlen wir, diese zu entfernen. Verwenden Sie dazu einen starken, wasserlöslichen Abbeizer, den Sie mit einer Bürste aufbringen. Dabei dürfen Sie nicht zu nahe an die Augen herankommen. Lassen Sie den Abbeizer einen Tag lang einwirken, bevor Sie ihn entfernen. Nun weichen Sie den Puppenkopf in heißem Wasser, dem etwas Spülmittel und Haushaltsbleichmittel zugegeben wurde, ein. Wiederholen Sie diesen Vorgang mit jeweils frischem Wasser immer wieder. Damit erreichen Sie irgendwann einmal den gewünschten Effekt, und die losen Stücke lassen sich entfernen. Zum Abtrocknen der Biskuitteile sollten Sie ein sauberes Stück Leinen oder ähnliches verwenden, so daß keinerlei Haare oder Flusen auf dem Biskuit haften bleiben!

Prüfen Sie jetzt eventuelle Bruchkanten auf Kleberrückstände, und verwenden Sie ein Skalpell, um sie sanft zu entfernen, solange sie noch weich sind. Wenn das nicht funktioniert, verwenden Sie einen in Aceton eingetauchten Lappen. Diese Anleitung zum Säubern der Biskuitstücke ist besonders wichtig, wenn Sie sie nach der Methode wieder zusammenkleben, die hier empfohlen wird (siehe unten). Sie müssen die Bruchkanten dann nach dem Kleben so kräftig wie möglich zusammenpressen, damit ein weiteres Absplittern nicht erfolgt und unnötiges Auffüllen oder Neufärben feiner Risse nicht nötig wird. So kann die Originalbemalung oftmals erhalten bleiben. Nach dem Entfernen von alter Farbe, Leim oder Kleber nehmen Sie die Augen aus dem Kopf der Puppe. Nach dem vorangegangenen Einweichen drücken Sie sie mit beiden Daumen kräftig aus den Höhlen. Handelt es sich um Schlafaugen, die ja festgegipst wurden, bewahren Sie die Gipsseitenstücke auf, da sie nach dem Trocknen verwendet werden können, um die Augen wieder einzusetzen.

Die meisten Paperweight-Augen kommen mit intakter Gipsbefestigung heraus. Legen Sie sie zum Trocknen zur Seite. Sehr oft können Sie die Augen plus originalen Gipsrand mit ein bißchen Klebstoff wieder in die Augenhöhlen zurücksetzen.

Das Kleben

Ist der Kopf einer Puppe in mehrere Teile zersprungen, müssen die einzelnen Scherben wieder zusammengeklebt werden. Dabei ist es unbedingt notwendig, daß die Biskuitteile so kräftig wie möglich zusammengepreßt werden, ohne daß sie überstehen. In je mehr Stücke der Kopf der Puppe zersprungen ist, desto wahrscheinlicher ist es, daß das letzte einzufügende Stück nicht mehr genau paßt. Nehmen Sie es, und halten Sie es an die vorgegebene Stelle. Prüfen Sie genau, wo etwas übersteht. Verwenden Sie einen Diamantschleifstein, um es millimeterweise zurechtzufeilen. Dann versuchen Sie, den Splitter einzupassen. Das führen Sie so lange fort, bis der Splitter paßt. In den meisten Fällen ist es vorzuziehen, nur den weißen Teil des Biskuits zu feilen und erst als letzten Ausweg auch die Oberflächenfarbe anzugreifen. Da das Problem recht häufig auftritt und diffizil ist, empfehlen wir, die vordere Partie des Kopfes zuerst zusammenzufügen, damit Sie sicher sein können, daß das letzte, schwierige Stück sich am Hinterkopf befindet.

Bringen Sie auf die Bruchkanten niemals Klebstoff auf, bevor Sie nicht versucht haben, die Stücke zusammenzufügen. Selbst die kleinste Menge kann ein perfektes Einpassen verhindern.

Unsere Methode erfordert beim Kleben zwei Personen. Eine Person muß die Biskuitteile zusammenhalten, die andere den Kleber entlang der Bruchkante auftragen, indem sie langsam an dem Riß entlang fährt. Dabei läuft die Klebesubstanz dann in den Spalt.

Vermeiden Sie es, von der Vorderkante des Bruches bis zum Ende durchgehend fortzufahren, bevor Sie den nächsten Teil in Position bringen können, da der flüssige Kleber leicht verschmiert. Damit kann dann der nächste Teil nicht so dicht eingepaßt werden wie nötig.

Dieser Abschnitt der Reparatur der Puppe sollte mit großer Sorgfalt durchgeführt werden. Kratzen Sie mit Ihrem Fingernagel an der Stoßkante, fühlen Sie, ob die Kanten tatsächlich genau aufeinanderliegen. Wenn Sie die Teile ordentlich geklebt haben, sollten viele Risse so fein geworden sein, daß man sie weder füllen noch neu bemalen muß. Um den überschüssigen trockenen Kleber vom Gesicht der Puppe zu entfernen, nehmen Sie ein Skalpell und ziehen ihn sanft ab. Sie können ihn mit einem vorher in Aceton getauchten Lappen leicht aufweichen. Befeuchten Sie aber diesen Lappen nicht zu stark, da der Kleber sonst auch innerhalb des Risses aufweicht. Prüfen Sie die Arbeit sehr sorgfältig. Vergewissern Sie sich, daß Sie alle Scherben fest verankert haben. Wenn erforderlich, können Sie Risse nachkleben. Kleben Sie den Kopf Ihrer Puppe immer von der Vorderseite zur Rückseite, der Kleber wird durch die natürliche Kapillarwirkung in die Risse gezogen.

Das Füllen

Fehlen einige Teile des Kopfes, müssen Sie ihn an diesen Stellen füllen, was viel Überlegung und Muße erfordert. Wiederum ist der Kopf zunächst genau zu untersuchen. Wenn größere Teile des Biskuits fehlen, müssen Sie Plastilin verwenden, das eine Grundlage bildet, auf die Sie das Füllmittel aufbringen können. Formen Sie ein Stück Plastilin so, daß es etwas größer ist als das zu unterlegende Loch. Drücken Sie es von innen in Position, wobei es die Kanten des Biskuits überlappt. Mit einem kleinen Streichmesser beginnen Sie jetzt, das Loch von außen zu füllen. Mischen Sie immer nur wenig Füllmittel auf einmal, da es sehr schnell erhärtet. Füllen Sie das Loch etwas über den Rand hinaus, da das Füllmittel beim Trocknen schrumpft; klopfen Sie die

Substanz leicht fest, damit keine Luftblasen bleiben. Sie werden feststellen, daß das Material am Messer nicht kleben bleibt, wenn Sie es vorher in etwas Methylalkohol getaucht haben.

Bei kleinen Löchern gehen Sie genauso vor, wobei Sie allerdings auf den Plastilinuntergrund verzichten können. Sobald alle Löcher im Kopf gefüllt sind, werfen Sie das Plastilin am besten weg. Es zahlt sich immer aus, nur einwandfrei sauberes Material zu verwenden.

Wenn bei der Puppe ein wirklich großes Stück fehlt, verwenden Sie das Plastilin, um die Form des Kopfes an dieser Stelle nachzubilden. Drehen und wenden Sie den Kopf, damit Sie sicher sind, daß die Konturen richtig modelliert werden. Nehmen Sie sich Zeit, und beobachten Sie genau. Sehen Sie sich eventuell die Fotografie einer ähnlichen Puppe an, und orientieren Sie sich daran. Manchmal hilft es, wenn man das Bild des perfekten Kopfes direkt vor sich hat.

Hier möchte ich Ihnen dringend raten, für den unvermeidlichen Schrumpfprozeß des Füllmittels – gleichgültig welche Marke Sie verwenden – genügend Zeit einzuplanen. Je größer die restaurierte Stelle, desto länger dauert er. Manchmal tritt der traurige Fall ein, daß sich ein Stück Füllmittel vom restlichen Kopf trennt. Hätten Sie die Stelle dann schon bemalt und den Farbton angepaßt, wären viele Stunden Arbeit umsonst gewesen. Ansonsten brauchen Sie sich nicht zu ängstigen, wenn sich ein Stück Füllmittel lockert. Stellen Sie sich einfach vor, daß dies nun ein fehlender Teil des Puppenkopfes sei, und kleben Sie ihn an seinen Platz. Sobald sich das Füllmittel gesetzt hat, hat sich auch eine perfekte Kante gebildet; Schwierigkeiten dürften Sie daher nicht haben. Wenn durch den Schrumpfprozeß nach dem Kleben ein Riß bleibt, verwenden Sie Ihr Füllmittel gleich noch einmal und reparieren die beschädigte Stelle wie oben beschrieben.

Das Abreiben

Wir haben eine Technik zum Abreiben des Füllmittels entwickelt, die die Gefahr einer Beschädigung der Oberflächenfarbe und der Kanten möglichst klein hält und das Füllmittel in eine Ebene mit dem Biskuit bringt. Die Technik besteht darin, daß wir das Skalpell in rechtem Winkel zu der Linie bringen, an der Füllmittel und Biskuit zusammenstoßen. Die Kante des Biskuit berühren wir nun ganz sanft, damit das Skalpell geführt werden kann. Ziehen Sie nun das Skalpell mit einer leicht reibenden Bewegung quer darüber. Die Klinge des Skalpells arbeitet präziser als selbst das feinste Schleifpapier.

Bereiche, die vom Biskuit weit genug entfernt sind, können mit feinem Sandpapier abgeschliffen werden. Aus Erfahrung wissen wir jedoch, daß wir das Skalpell für das Abziehen fast des gesamten Füllmittelüberschusses verwenden können. Ein weiterer Vorteil dieser Technik ist, daß die so entfernten Partikel weit weniger staubig sind als die, die von Schleifpapier erzeugt werden. Dadurch werden die Werkzeuge und die Arbeitsfläche weniger verschmutzt. Wenn Sie feststellen, daß das Skalpell kleine Spuren auf dem Biskuit hinterlassen hat, so sind diese – ebenso wie Eisen-, Rost- oder Bleispuren – mit einem in Aceton getauchten Lappen recht schnell zu entfernen. Nehmen Sie dann ein Baumwolltuch, befeuchten Sie es mit Methylalkohol, und wischen Sie den Kopf ab. Prüfen Sie ihn sorgfältig auf hervorstehende oder sich wölbende Kanten. Wenn Sie etwas spüren, schleifen Sie mit Sandpapier leicht nach. Bevor Sie die Farbe auftragen, müssen Sie eine wirklich glatte Oberfläche haben.

Jetzt haben Sie die letzte Chance, zu füllen oder abzuziehen. Mit den Fingerkuppen fahren Sie über ausgefüllte oder geklebte Risse. Ich selbst habe bemerkt, daß ich das mit geschlossenen Augen besonders gut kann, da das Gefühl in den Fingerkuppen anscheinend erhöht wird, wenn ich nicht die Farbunterschiede zwischen dem Biskuit und dem Füllmaterial sehe. Sobald Sie wirklich zufriedengestellt sind, waschen Sie den Kopf der Puppe. Nehmen Sie dazu warmes Wasser, dem etwas Spülmittel zugesetzt wurde. Dann trocknen Sie ihn ab. Verbleibende Chemikalien oder Staub sollten nun entfernt sein.

Jetzt sind Sie soweit, mit dem aufregendsten Teil Ihrer Restaurierungsarbeit anfangen zu können. Sie werden sehen, wie das Antlitz Ihrer Puppe Gestalt annimmt und die Farbe wieder auf ihre Wangen zurückkehrt. Zweifellos ist dieses Erlebnis jene langen Stunden wert, die Sie aufgewendet haben, bis dieses Stadium der Restaurierung erreicht war.

Das Bemalen des Gesichts

Die erste Stufe der Bemalung des Gesichts besteht darin, daß Sie die mit Füllmaterial ausgebesserten Stellen dem Originalbiskuit farblich angleichen. Verwenden Sie dazu eine Spritzpistole. Mischen Sie Weiß mit einer winzigen Menge Rot, Ockergelb, Schwarz und vielleicht ein bißchen Dunkelgrün (Acryl auf Wasserbasis). Testen Sie die Farbe, indem Sie ein wenig davon auf den hellsten Teil des Hinterkopfes aufbringen und trocknen lassen. Mischen Sie die Farben neu, wenn dies erforderlich scheint. Sobald Sie mit der Tönung der Farbe zufrieden sind, fügen Sie Wasser hinzu, bis die Farbe die Konsistenz siedenden Öls enthält. Mit der Spritzpistole prüfen Sie zunächst sorgfältig die Dichte der Farbe. Ich mache dies meist auf dem Handrücken.

Beginnen Sie mit dem Sprühen dort, wo Füllmaterial und Biskuit aufeinandertreffen. Arbeiten Sie sich dann zum Mittelpunkt des Füllmaterials vor. Es ist unbedingt notwendig, auf dem Biskuit einen leichten Übergang zu schaffen, damit keine harten Linien entstehen. Beschränken Sie diesen Übergang allerdings auf das absolute Minimum. Sprühen Sie in sehr feinen Schichten, lassen Sie jede Schicht erst trocknen, bevor Sie die nächste darüberlegen.

Das Aufbringen der Rottönung

Für die zarte Rottönung wird meistens Venezianischrot verwendet. Es könnte jedoch, je nach dem Grundton Ihrer Puppe, notwendig sein, Ockergelb, Schwarz oder beides hinzuzugeben. Prüfen Sie die Farbe auf der Wange der Puppe (Hobbyfarben in Pulverform in Zelluloselack). Wenn Sie mit dem Farbton einverstanden sind, lösen Sie die Farbe bis zu einer wäßrigen Konsistenz und bringen sie mit der Sprühpistole auf, indem Sie von der hellsten zur dunkelsten Stelle hin arbeiten, was z. B. die beschädigte Wange sein kann.

Wiederum prüfen Sie die Dichte der Farbe zuerst auf Ihrer Hand. Die Farbe sollte sehr sorgfältig aufgebaut werden, weil sonst die notwendige Rottönung übertrieben wird, und Sie eine viel zu bunte Puppe erhalten können.

Nützliche Hinweise

Eine zu starke Rottönung können Sie aufhellen, indem Sie die originale Grundfarbe verwenden. Sprühen Sie wie vorher, wobei Sie diesmal aber einen eher pudrigen Effekt erzielen sollten. Mit dieser Methode können Sie die Rottönung schwächen und auch Übergänge abmildern, wenn zwischen dem Originalbiskuit und dem Anfang Ihrer eigenen Malarbeit ein deutlich sichtbarer Unterschied besteht. Es kann sein, daß Sie im Anschluß eine zweite Rottönung aufbringen müssen. Es ist aber besser, geduldig immer wieder einen Schleier aufzusprühen und nachzuschattieren, als die gesamte Malarbeit zu entfernen und neu zu beginnen. Alles muß jedoch geschehen, bevor Sie die Arbeit versiegeln, da die Farben auf der Versiegelung nicht verwendet werden können.

Jetzt ist der kritische Punkt gekommen. Sind Sie mit Farbe und Farbton wirklich zufrieden? Wenn nicht, entfernen Sie alles und beginnen Sie neu. Die Farbe entfernen Sie mit einem in Aceton getauchten Baumwolllappen. Wischen Sie vorsichtig, dann entfernen Sie die Farbe und beschädigen das Füllmaterial nicht. Wenn Sie die Farbe entfernt haben, waschen Sie den Kopf in warmem Wasser mit ein wenig Geschirrspülmittel und trocknen ihn ab. Dieser Vorgang entfernt alle Chemikalienrückstände.

Das Versiegeln der Grundfarben

Ist die Bemalung aber geglückt, bringen wir eine feine, durchsichtige Schicht Klarlack auf. Die Malerei wird dadurch geschützt und abgedeckt, sie fühlt sich dann ungefähr so an wie das Biskuit. Mischen Sie den Lack mit Verdünner zu einer sehr wäßrigen Konsistenz. Mit der Sprühpistole, die Sie 20–25 Zentimeter vom Puppenkopf entfernt halten, sprühen Sie nun die Mischung auf, wobei Sie darauf achten müssen, daß der Sprühschleier selbst sehr fein ist. Die winzigen Partikel sollen getrennt trocknen und nicht zusammenlaufen und sich miteinander verbinden. Wir wollen ja, daß sich der Lack so anfühlt wie das Biskuit und nicht glänzt. Bringen Sie zwei Schichten auf, vergewissern Sie sich jedoch, daß die erste Schicht völlig trocken ist, bevor Sie mit der zweiten anfangen.

Wimpern

Schwarze Pulverfarbe wird mit Klarlack gemischt. Nehmen Sie dazu ein Palettmesser und eine weiße Porzellankachel. Tauchen Sie den Pinsel in Spiritus und rollen Sie ihn in der Farbmischung, damit eine schöne Spitze entsteht. Streichen Sie den Pinsel in kleinen Wimpernstrichen auf der Kachel ab, damit ein brauchbarer und gleichmäßiger Farbfluß entsteht.

Sobald Ihnen die kleinen Wimpernstriche auf der Fliese gefallen und die Farbe ordentlich fließt, beginnen Sie die Wimpern der Puppe zu malen. Lassen Sie sich dabei Zeit. Dieser Teil der Restaurierung muß sehr sorgfältig und vor allen Dingen behutsam durchgeführt werden.

Lippen

Die Farbe für die Lippen mischen Sie aus Venezianischrot (Pulver) und Klarlack. Auch hier ist die Technik dieselbe, die bereits bei den Wimpern und Augenbrauen beschrieben wurde.

Um die Farbe der Wimpern, Augenbrauen oder Lippen zu entfernen, nehmen Sie einen kleinen Katzenzungenpinsel oder einen Wattetupfer, den Sie vorher in Spiritus getaucht haben, und wischen die Farbe sorgfältig ab.

Augenbrauen

Für die Augenbrauen werden umbrafarbene Pulverfarbe und Klarlack gemischt. Ansonsten verfahren Sie, wie bei den Wimpern angegeben.

Jumeau Déposé Nr. 11

Wie diese reizende Jumeau, die mir freundlicherweise von Heather und Clifford Bond zur Verfügung gestellt wurde, restauriert wird, können Sie auf den nachfolgenden Schritt-für-Schritt-Bildern erkennen.

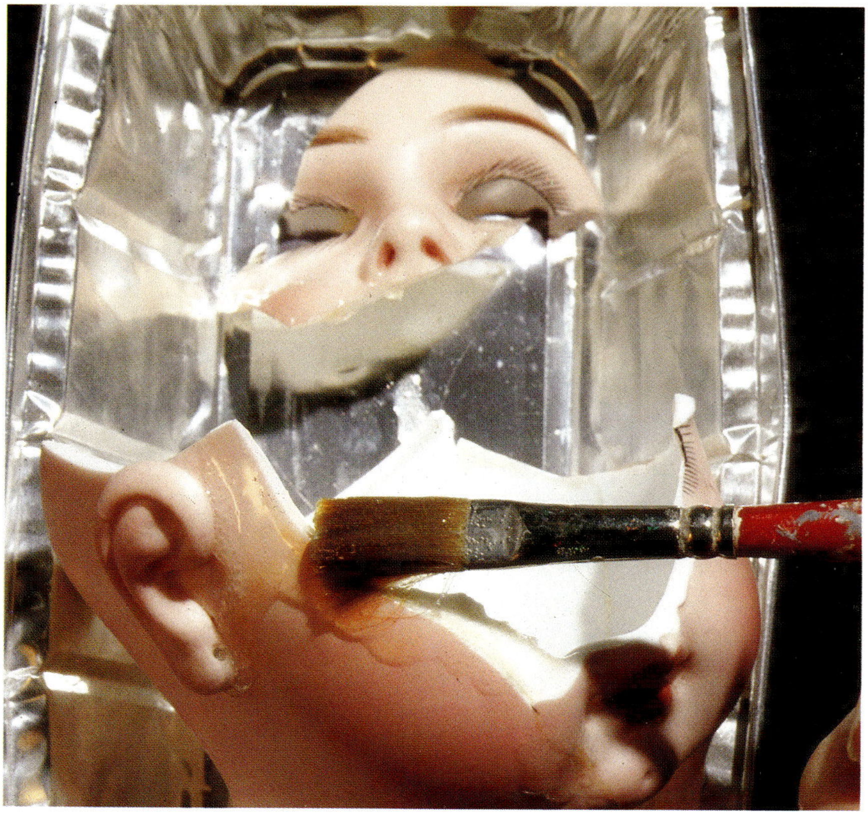

Verwenden Sie einen wasserlöslichen Abbeizer zur Entfernung des alten Klebstoffs.

Weichen Sie den Kopf in heißem Wasser mit etwas Abwasch- und Haushaltsbleichmittel ein. So wird er sauber, und die Augen können entfernt werden.

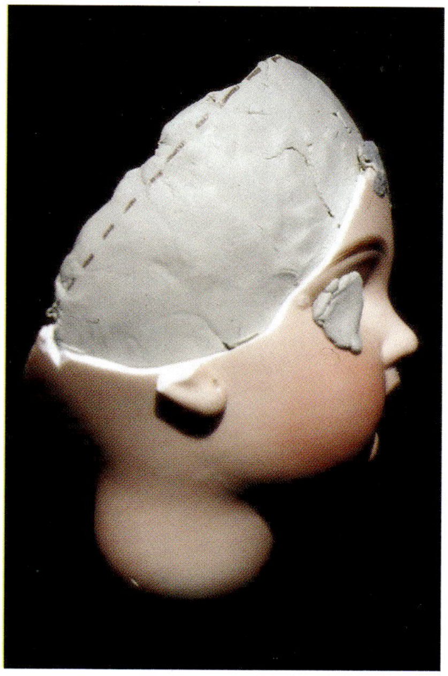

Sobald das Plastilingerüst fertig ist, beginnen Sie, das Füllmittel aufzutragen.

Die von einer ähnlichen Puppe abgenommene Ohrform aus Plastilin muß etwa 15 Minuten im Gefrierschrank härten. Füllen Sie dann das Füllmittel ein.

Brechen Sie die Form notfalls auseinander, um das Ohr herauszunehmen, da das Füllmittel einige Tage lang sehr zerbrechlich ist.

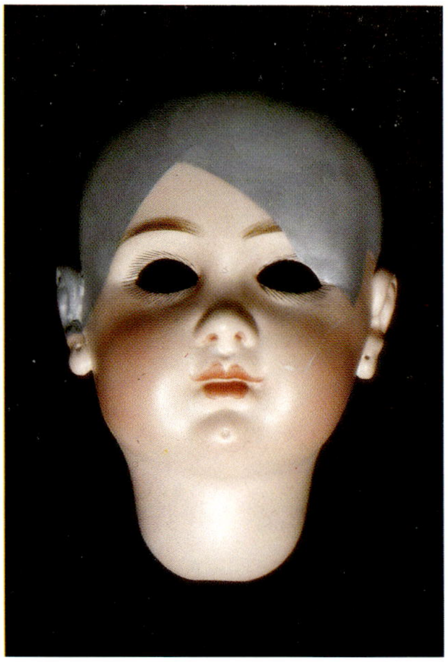

Achten Sie darauf, daß der Kopf völlig frei von Chemikalien ist. Waschen Sie ihn sehr sorgfältig mit lauwarmem Wasser ohne Zusätze ab.

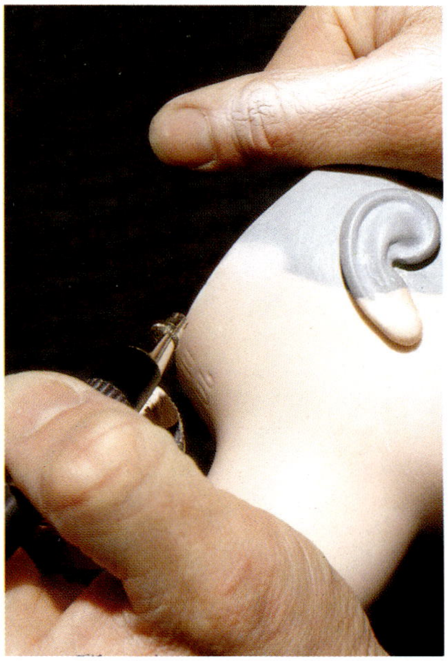

Bringen Sie die hellste Farbschattierung des Originalbiskuit auf. Die Farbflächen sollen sich so wenig wie möglich überlappen. Testen Sie die Farbe zuvor.

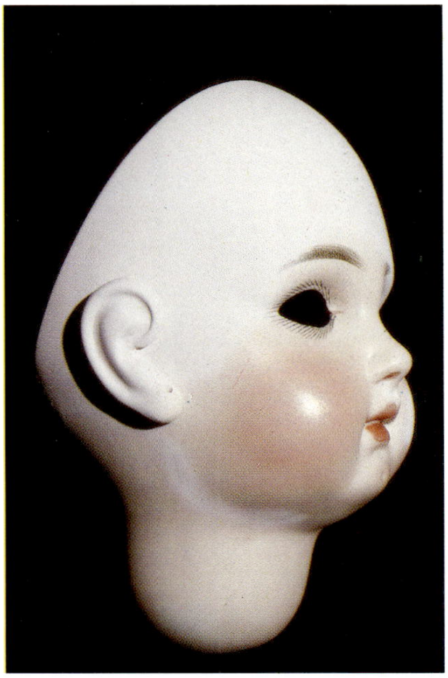

Sorgfältig aufgesprüht, bedeckt die Farbe das Grau des Füllmittels.

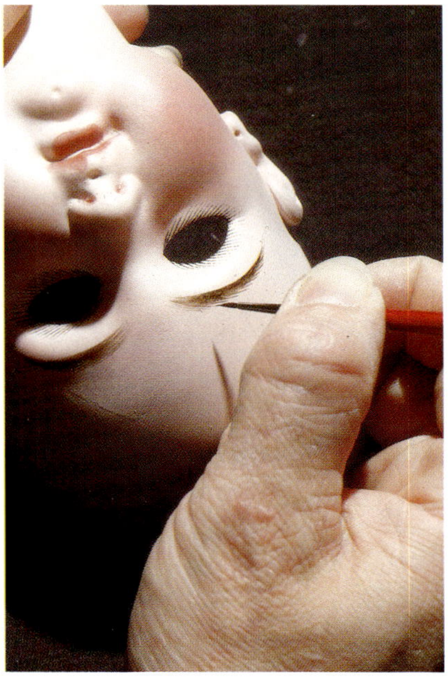

Zum Malen der Wimpern, Augenbrauen und Lippen mischen Sie die jeweilige Pulverfarbe mit Klarlack.

Diese reizende Jumeau war die Anstrengung doch wohl wert!

Jumeau Nr. 13

Als meine Tochter sich in Paris aufhielt, um François Theimer bei der Übersetzung eines Auktionskataloges zu helfen, entdeckte sie eine Plastiktüte mit den Scherben eines Puppenkopfes, der einmal eine wunderbare Jumeau-Puppe Nr. 13 gewesen war. Ohne eine Ahnung von ernsthafter Restaurierung zu haben, klebte sie die Teile ganz normal zusammen. Während der Arbeit stellte sie fest, daß einige Splitter fehlten und ließ das Projekt sein. Später zeigte sie den Kopf dann doch und meinte, daß noch nicht einmal Profis ihn vollständig restaurieren könnten. Wir bewiesen ihr, daß sie unrecht hatte.

Hier sehen wir die wunderschöne Jumeau in ihrer ganzen – wiedergewonnenen – Schönheit, wie sie durch Studentenblumen streift.

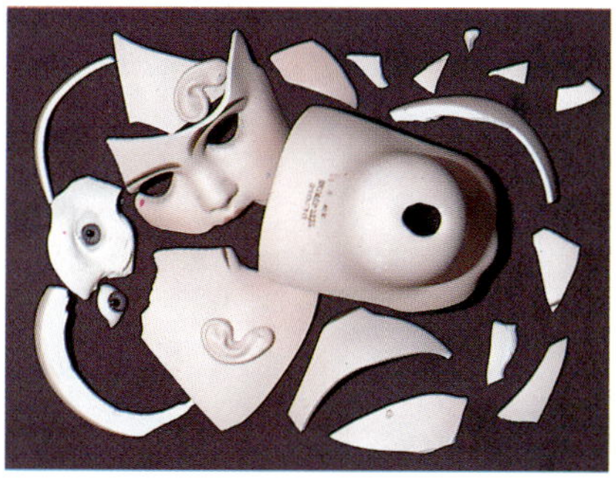

18 Stücke der Jumeau-Puppe liegen hier gesäubert und fertig zum Zusammenkleben.

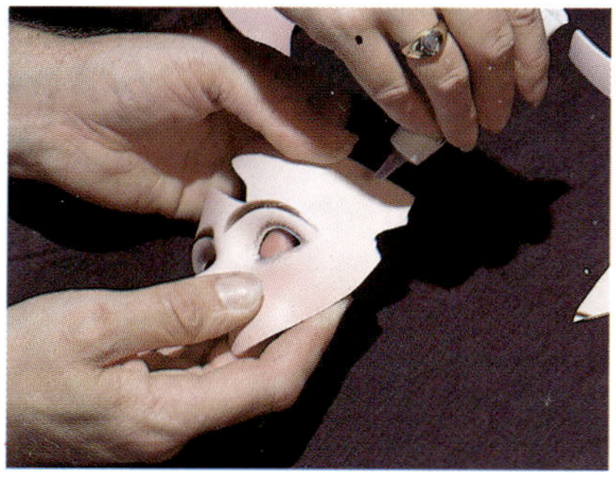

Beim Kleben hält eine Person die Stücke zusammen, während eine zweite den flüssigen Kleber aufbringt.

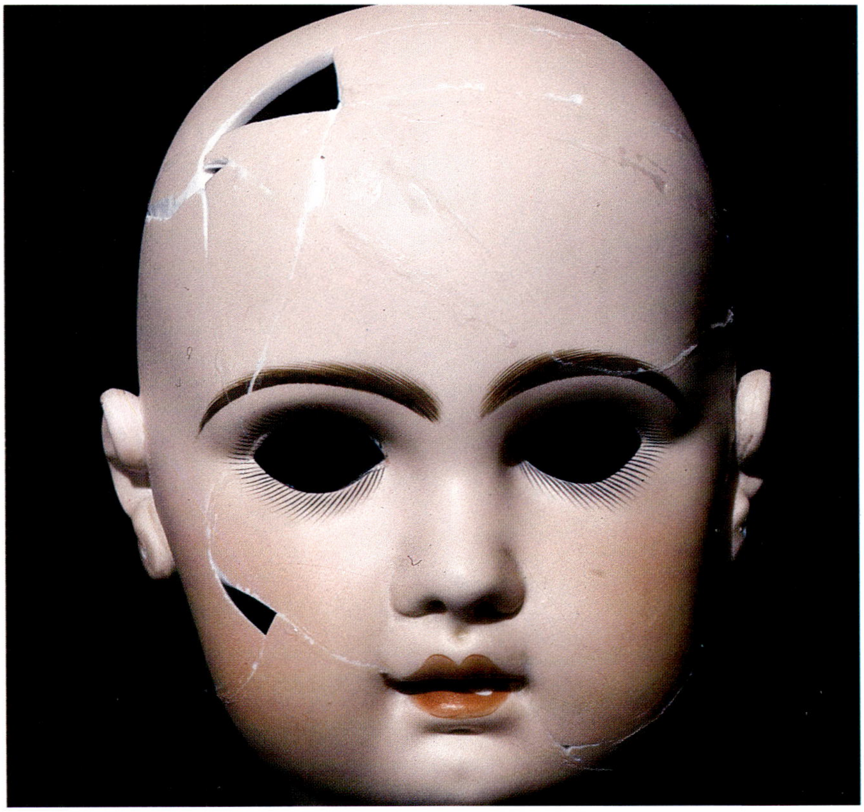

Wie Sie sehen, fehlen einige Stücke des Biskuits. Die Stellen müssen mit Plastilin unterlegt werden.

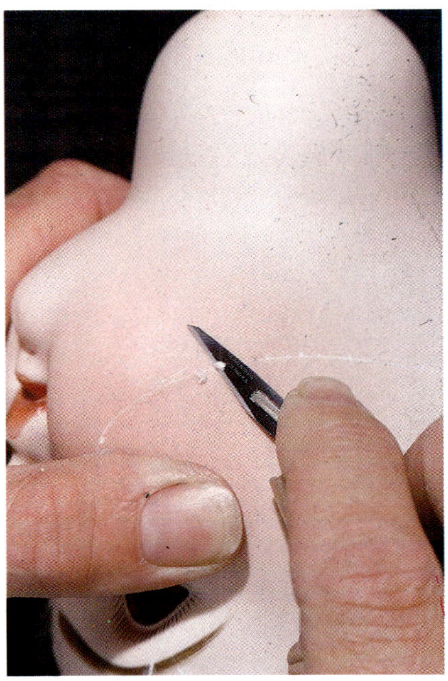

Der getrocknete, überschüssige Kleber wird mit der Spitze des Skalpells entfernt.

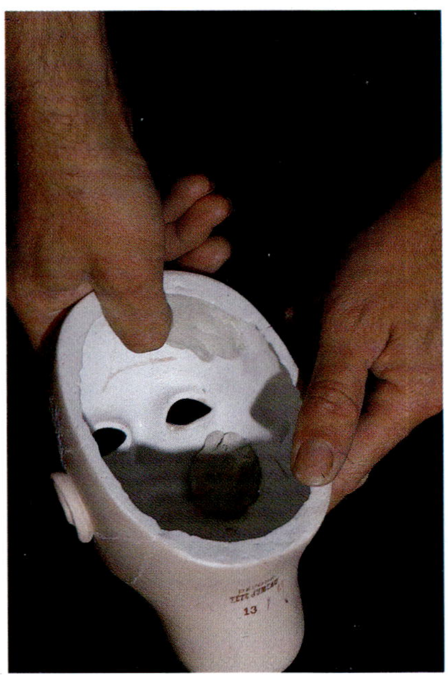

Das Plastilin wird mit dem Daumen vom Inneren des Kopfes her an die richtige Stelle gedrückt.

Das Füllmittel ist nun vollständig aufgetragen und kann mit dem Skalpell abgezogen werden.

Bru Jne

Diese herrliche Puppe gehört einer guten Freundin von mir, die ebenfalls Puppensammlerin ist. Als einziges Familienerbstück lag die Puppe viele Jahr lang in einem Koffer, bis ihre Restaurierung in Auftrag gegeben wurde. Traurig, daß diese herrliche Puppe, die einen Vorzugsplatz in jeder Sammlung verdient, ein solches Dasein führte, zumal wenn man sich ihren einstigen Glanz und ihre einstige Schönheit vor Augen hält. So haben wir, bedenkt man all diese Umstände, die große Freude, Ihnen die restaurierte Bru hier zu präsentieren. Die Bilder zeigen, wie Sie gegebenenfalls selbst einmal eine Puppe restaurieren können.

Die prachtvolle Bru Jne am Fischteich (komplett restauriert)

Hier ist das Füllmaterial vom Porzellan weggeschrumpft. Kleben Sie das Stück wieder ein.

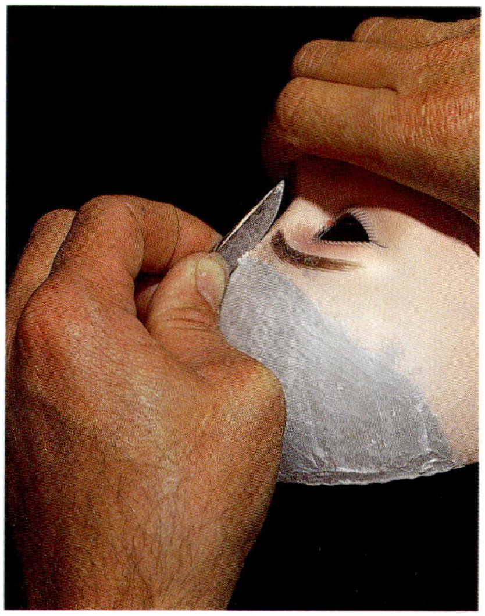

Mit kleinen Kratzbewegungen wird das Skalpell über die restaurierten Stellen gezogen und das Füllmaterial abgerieben.

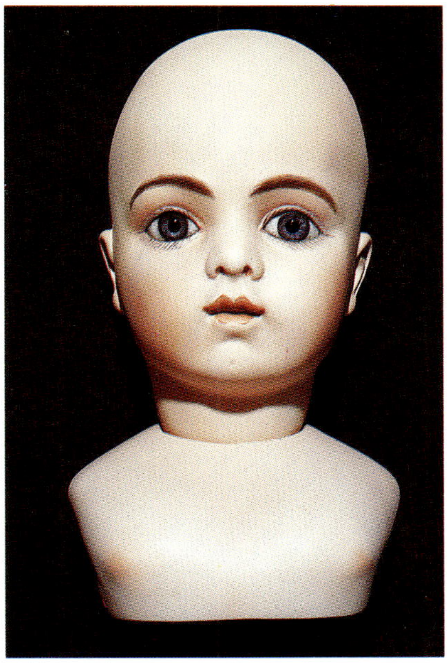

Fertige Bru Jne mit Schulterplatte

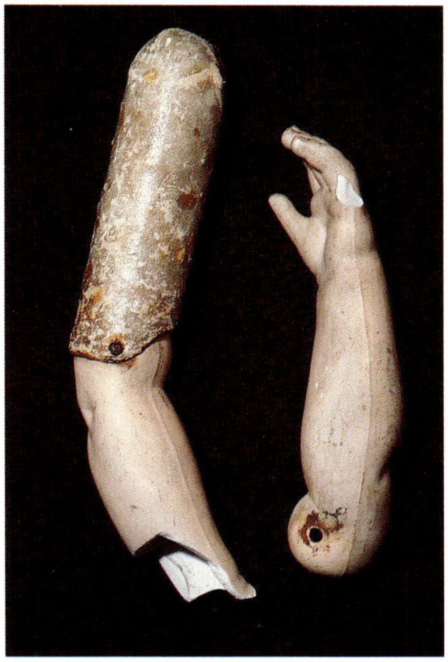

Die zerbrochenen Arme müssen restauriert werden.

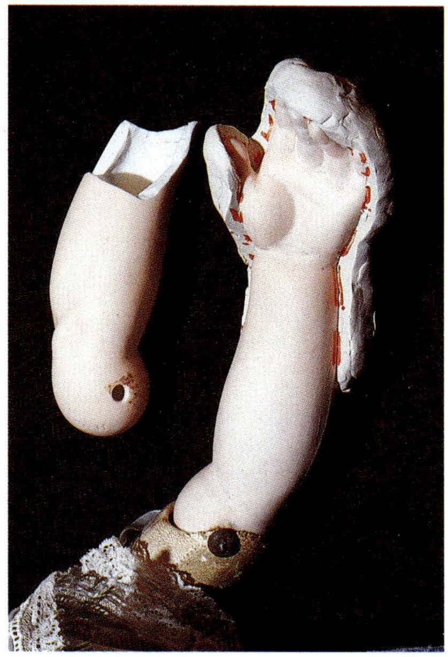

Von einem perfekten Bru-Arm wird eine Gußform aus Plastilin abgenommen.

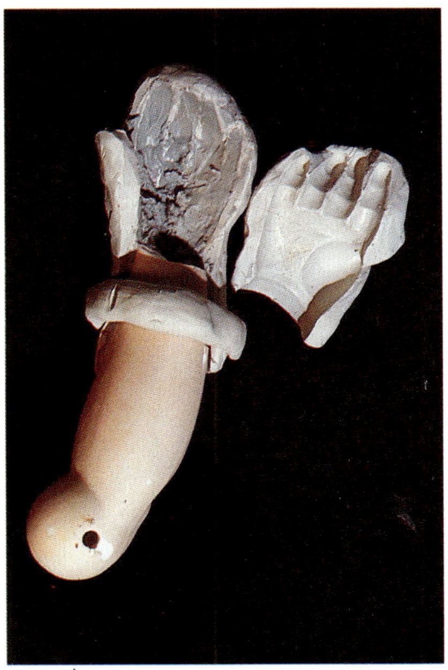

Das nicht mehr vollständige Armstück wird in die Form eingelegt. Unterarm und Hand werden mit Füllmaterial ergänzt.

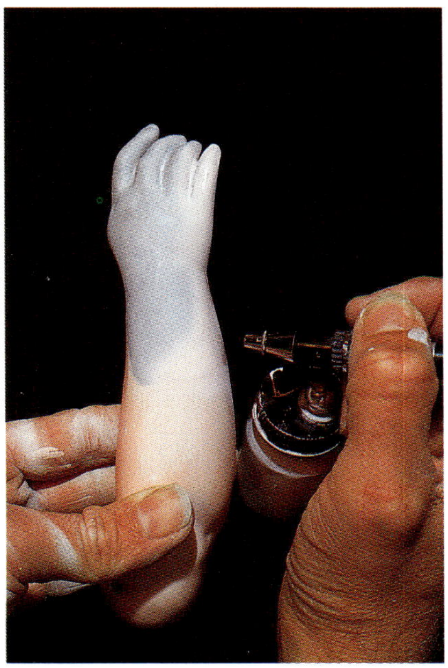

Der reparierte Teil des Puppenarms wird mit einer passenden Farbe besprüht.

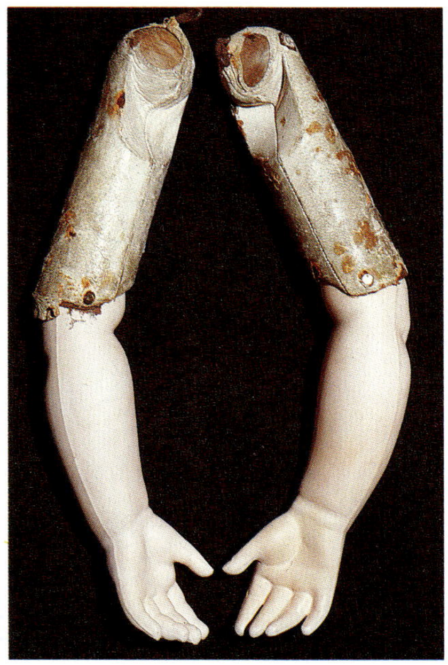

Die vollständig restaurierten Bru-Arme können wieder an dem Puppentorso befestigt werden.

Modepuppe von Rohmer (um 1857)

Die Modepuppe von Marie Antoinette Léontine Rohmer entstand zwischen 1857 und 1880. Sie besteht aus einem zart getönten Biskuitkopf, aus Biskuitschultern und -unterarmen sowie einem Körper aus weichem Ziegenleder mit Holzgelenken an den Knien. Auf dem Rumpf finden wir einen blauen Stempel in einem Oval.

Ich fand diese reizende Rohmer in London. Sie hatte noch ihren Originalkörper und eine sehr feine, maßgeschneiderte Ausstattung, die vom Schneider des Hauses Rohmer entworfen worden war. Es war dies eine sehr ausgeklügelte Methode der damaligen Zeit, für französische Mode zu werben – für mich deswegen so aufregend, weil ich Puppen in ihrem Originalzustand am liebsten habe. Die kleine Dame hatte aber traurigerweise dem Zahn der Zeit ebenso wenig widerstanden wie dem vermutlich sehr oft vollzogenen Wechsel ihrer Garderobe, wodurch sowohl ihre Hände als auch ihr Kopf sehr stark beschädigt wurden. Vor allem ihr Kopf wurde wohl oft hin und her gedreht, um die hübsche Hutsammlung zu präsentieren.

Modepuppe von Rohmer mit Koffer und Ausstattung

Die Locken werden einzeln angeklebt.

Nahaufnahme der restaurierten Rohmer-Puppe

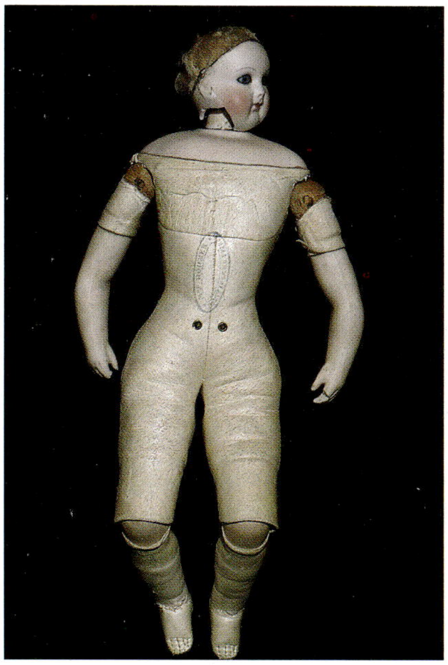

Die Rohmer-Puppe wie ich sie vorgefunden habe.

Die Puppe wird in ihre Einzelteile zerlegt.

Die fehlenden Teile werden vor dem Unterlegen mit Plastilin genauestens geprüft.

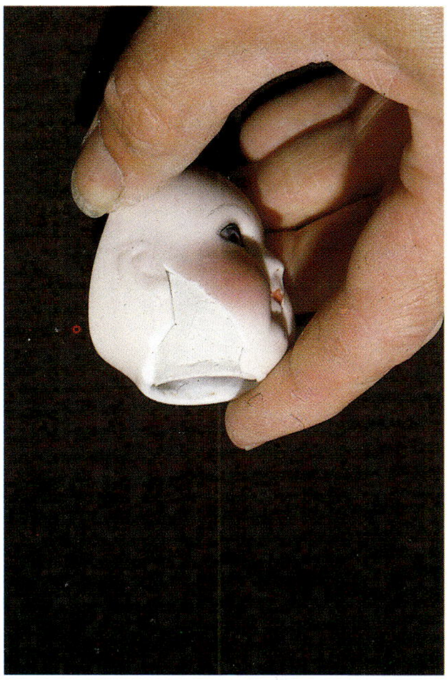

Das Plastilinfundament wurde von der Innenseite des Kopfes her in die richtige Stellung gedrückt.

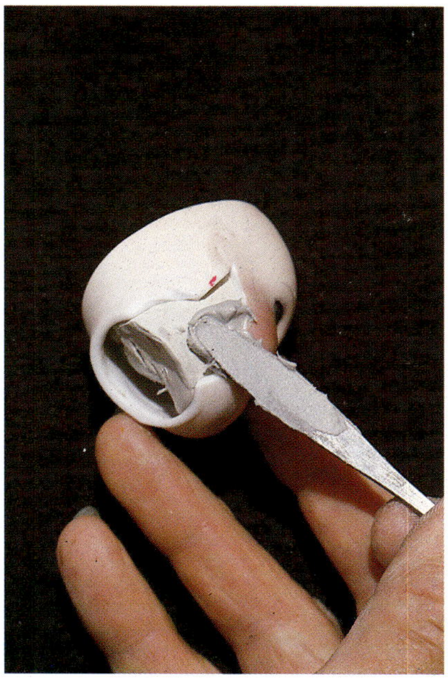

Durch das Plastilin erhält das Füllmaterial die richtige Form.

Das Füllmaterial wurde aufgebracht und kann nach den Trocknen mit dem Skalpell abgezogen werden.

»Glücksscherben« (Emile Jumeau – A Mould)

Anläßlich eines Besuches bei Heather und Clifford Bond, den bekannten englischen Puppenhändler, erhielt ich die Erlaubnis, Cliffords Arbeits- und Lagerraum zu betreten, in dem sich lange Jahre hindurch faszinierende Teile und Stücke angesammelt haben. Zehn Minuten lang schaute ich in Schachteln, durchsuchte ich die dunkelsten Winkel. Plötzlich hielt ich in meiner Hand einen Teil eines Puppengesichts, das mich sofort faszinierte. Dieses gedankenverlorene und dennoch leidenschaftliche Antlitz mit brennenden, blauen Augen schien mich flehend anzusehen.

Das Restaurieren dieser Puppe war die größte Herausforderung und Aufgabe überhaupt, und ich würde Ihnen diese Art der Restaurierung wirklich nur dann empfehlen, wenn das Puppenfragment die penible Arbeit und die notwendige Energie wirklich verdient. Das Modellieren und die Einberechnung des Schrumpfprozesses ließen die Restaurierung dieses Puppenkopfes tatsächlich drei Monate dauern.

Glücksscherben (Emile Jumeau – A Mould)

Gesichtsfragment. Beachten Sie, daß die Augen in der Originalbefestigung verblieben sind.

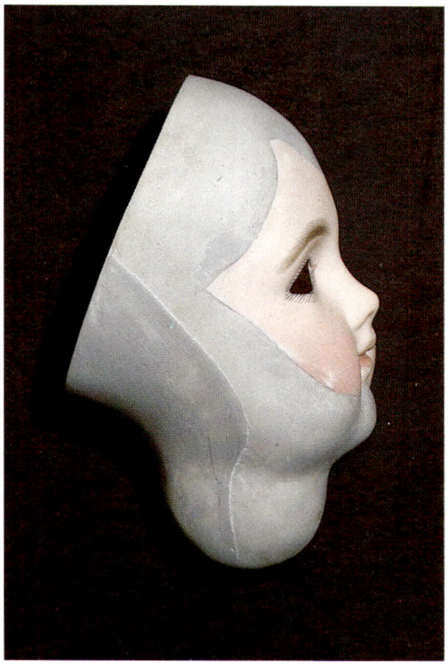

Der Kopf erhält mit Füllmaterial die richtige Form.

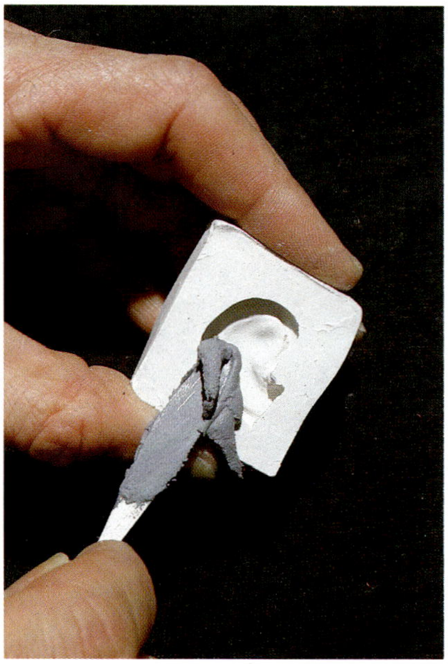

Nehmen Sie mit Plastilin die Ohrform von einer ähnlichen Puppe ab.

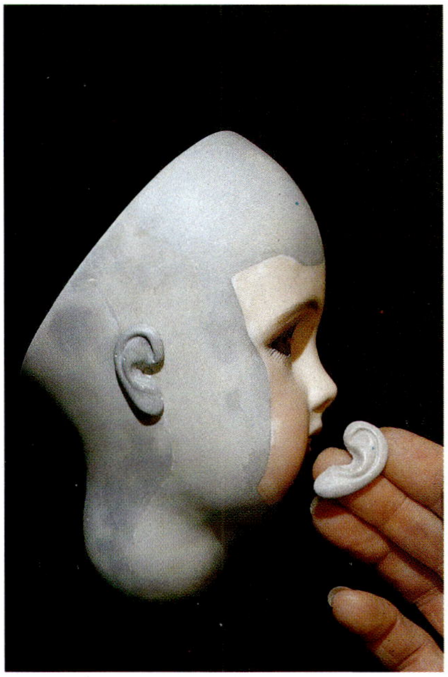

Bringen Sie die Ohren an.

Das Füllmittel wird nun mit Farbe besprüht, die sich an der hellsten Stelle des Biskuits orientiert.

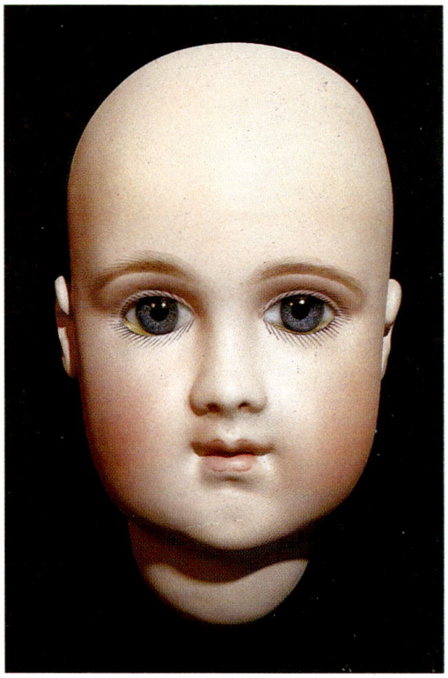

Das Wangenrot wird aufgetragen. Die Versiegelung erfolgt erst, wenn alle Übergänge gelungen sind.

Biskuitpuppe von Simon & Halbig

Als wir die Farbe von dieser schlecht restaurierten Puppe entfernten, mußten wir feststellen, daß das Biskuit abgeschliffen worden war. Damit war die ursprüngliche Malerei sehr stark beschädigt, und wir hatten es mit einer besonders schwierigen Aufgabe zu tun. Nachfolgend sehen Sie, wie wir trotzdem einen Erfolg erzielen konnten.

Die Puppe, wie ich sie fand. Leider war sie schlecht restauriert worden: Das Biskuit wurde geschliffen.

Wieder haben wir sehr sorgfältig alte Farbe und Kleberreste entfernt. Alle Puppen müssen so behandelt werden.

Hier die neu geklebte und mit Füllmittel ausgebesserte Puppe, die jetzt abgezogen werden muß.

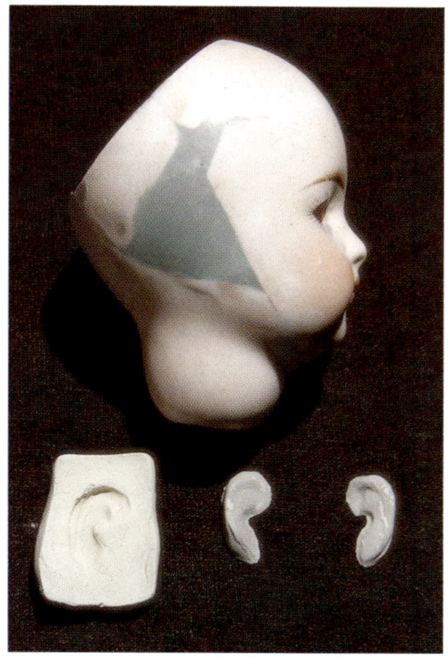

Zu dieser Arbeit verwenden Sie ein Skalpell. Auf diesem Bild können Sie sehen, wie sehr der Kopf bei früheren Reparaturen beschädigt wurde.

Hier das Ergebnis: eine sehr schöne Simon & Halbig mit geschlossenem Mund

Glasierte Porzellanpuppe eines unbekannten Herstellers

Eine französische Puppenhändlerin verkaufte mir diese reizende, frühe Porzellankopfpuppe und verlangte nur den Preis für den Körper und die wunderschönen Kleider. Das Ganze spielte sich an ihrem Stand auf dem Pariser Flohmarkt ab. Ich muß zugeben, daß ich die Puppe zwei Jahre lang besaß, ehe ich an ihre Restaurierung ging, da die offensichtlich sehr starke Beschädigung eine Reparatur eher zweifelhaft erscheinen ließ.

Die Methode für die Vorbereitung und die Bemalung ist genauso wie bei den Biskuitpuppen. Beim Versiegeln allerdings müssen Sie eine dichtere Schicht Klarlack auftragen, der bis zur Konsistenz siedenden Öls verdünnt wird. Hier müssen Sie ihn so dick aufbringen, daß die Partikel zusammenlaufen und so das gewünschte glasähnliche Erscheinungsbild ergeben, wenn die Glasur die Farbe versiegelt. Denken Sie immer daran, daß Klarlack rote Farben stärker hervorbringt, halten Sie das Rot deshalb eher blasser. Zwei oder drei Schichten Glasur müssen aufgebracht werden. Für mindestens 24 Stunden sollten Sie die Oberfläche nicht berühren.

Diese wunderschöne Porzellanpuppe genießt ihr neues Leben mit einer Freundin im Garten.

Füllmittel über einer Plastilinunterlage. Die Augenhöhlen wurden für das Abziehen vorbereitet.

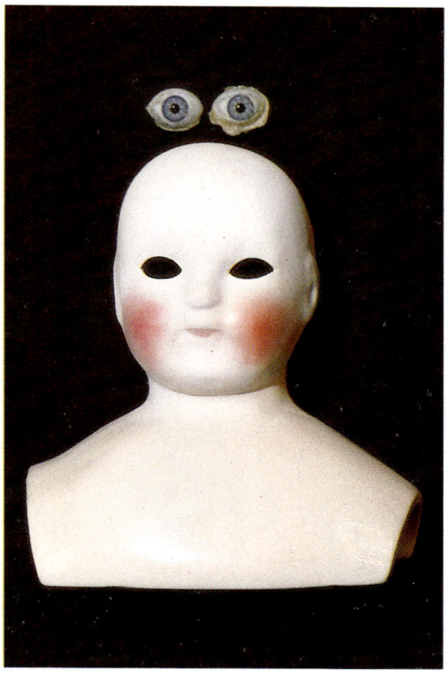

Der Kopf wird mit der Grundierfarbe gesprüht. Augenbrauen und Wimpern müssen erst noch gemalt werden.

Die Merkmale wurden herausgearbeitet. Die Wangen sind gerötet. Jetzt kommen noch einige Schichten Glasur darüber.

Porträt-Modepuppe von Jumeau

Das elegante, blaue Kostüm dieser Jumeau ist wunderschön geschnitten und in sehr gutem Zustand. Als ich die Puppe sorgfältig auszog, entdeckte ich, daß ihr weißer Ziegenlederkörper wegen der Schutzwirkung der Kleider fast wie neu aussah. Die Kleidung hatte auch die Biskuitbrustplatte geschützt. So konnte ich mir leichter vorstellen, wie wunderschön ihr zerbrochenes Gesicht einmal ausgesehen hatte. Nach einem ruhigen Abend am Kamin, in dessen Verlauf ich all meine zahlreichen Puppenbücher nach Fotografien ähnlicher Jumeau-Puppen durchgeblättert hatte, wobei ich nur die Bemalung des Mundes als Anhaltspunkt hatte, fand ich schließlich eine Puppe, von der ich meinte, sie wäre die perfekte Kopie und als Anhaltspunkt für die Restaurierung gut brauchbar. Da die zerbrochene Puppe so vielversprechend aussah, dachte ich gar nicht daran, den Kopf durch einen anderen zu ersetzen. Obwohl nun die Aufgabe sehr schwierig war, entschlossen wir uns, die Restaurierung in Angriff zu nehmen. Wie Sie auf dem Bild sehen können, gibt uns das Ergebnis recht.

Die fertige Puppe. In diesem eleganten Kleid ist sie schon ein schöner Lohn für harte Arbeit.

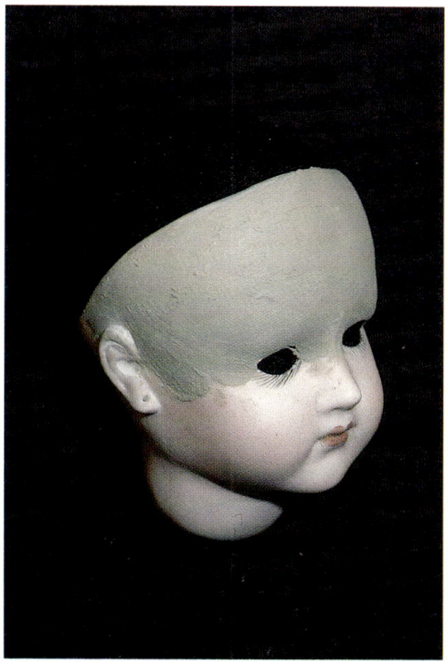

Die Stirne ist neu modelliert, die Augenhöhlen sind neu ausgeschnitten, das Füllmaterial kann abgerieben werden.

Der Kopf wurde mit Farbe besprüht, die Augenbrauen und Wimpern sind gemalt, die Augen wurden in Position gebracht.

Diese wunderschöne Dame ist – soweit wie möglich – dem Original entsprechend restauriert worden.

B^{TE} SGDG A 17 von Steiner

Diese herrliche Puppe wurde von Jules Nicholas Steiner um 1889 erschaffen. Am Hinterkopf ist sie mit A17 signiert, LE PARISIEN B^{TE} SGDG A17 wurde mit Tinte darübergestempelt. Eine meiner Töchter hat diese Puppe auf einer Londoner Puppenbörse gefunden und war von ihr so begeistert, daß sie alle ihre Überredungskünste aufwandte, um uns für die erforderliche Restaurierung zu gewinnen.

Meine Tochter hatte Glück, daß wir uns damals schon mit den Vorbereitungen für diese umfangreiche Dokumentation beschäftigten, und so erfüllten wir ihre Bitte ohne langes Zögern.

Hier ist die Steiner-Puppe schon in der bereits beschriebenen Weise vorbehandelt, also gereinigt, gebleicht, zusammengeklebt und mit Füllmaterial ausgebessert.

Hier haben wir die schöne Steiner-Puppe nach allen Regeln der Kunst restauriert. Wie aus der ersten Abbildung ersichtlich, war es nicht erforderlich, die untere Gesichtshälfte zu sprühen. Um den richtigen Farbton und einen korrekten Übergang zur oberen Gesichtshälfte zu erreichen und um die Farbe nicht überzubetonen, haben wir viele Stunden an der Farbmischung gearbeitet.

Vergessen Sie nicht, daß das Füllmaterial leicht überstehen muß.

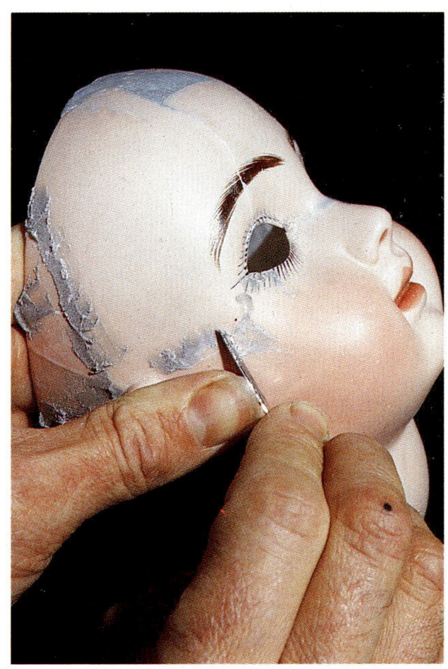

Je mehr Sie das Abreiben mit dem Skalpell üben, desto leichter wird es Ihnen fallen.

Hilda-Babypuppe von Kestner

Die wunderschöne Hilda-Babypuppe ist sicherlich der Liebling vieler Sammler. Sie können sich vorstellen, wie traurig ich war, als ich sie in einem der Londoner Auktionshäuser aus einem alten Schuhkarton zog und ein riesiges Stück aus ihrem Hinterkopf fehlte.

Nachdem ich den Staub von ihrem Gesicht entfernt hatte, stellte ich fest, daß der Bruch sehr neu war. Unglaublich, daß man dieses große Stück fehlenden Biskuits weggeworfen oder verlegt und damit den Wert dieser Puppe auf ein Minimum reduziert hatte. Wir haben das Restaurieren dieser Puppe auf den nachfolgenden Fotografien festgehalten, damit Sie selbst miterleben können, wie wir unsere kleine Hilda-Babypuppe wieder zum Leben gebracht haben.

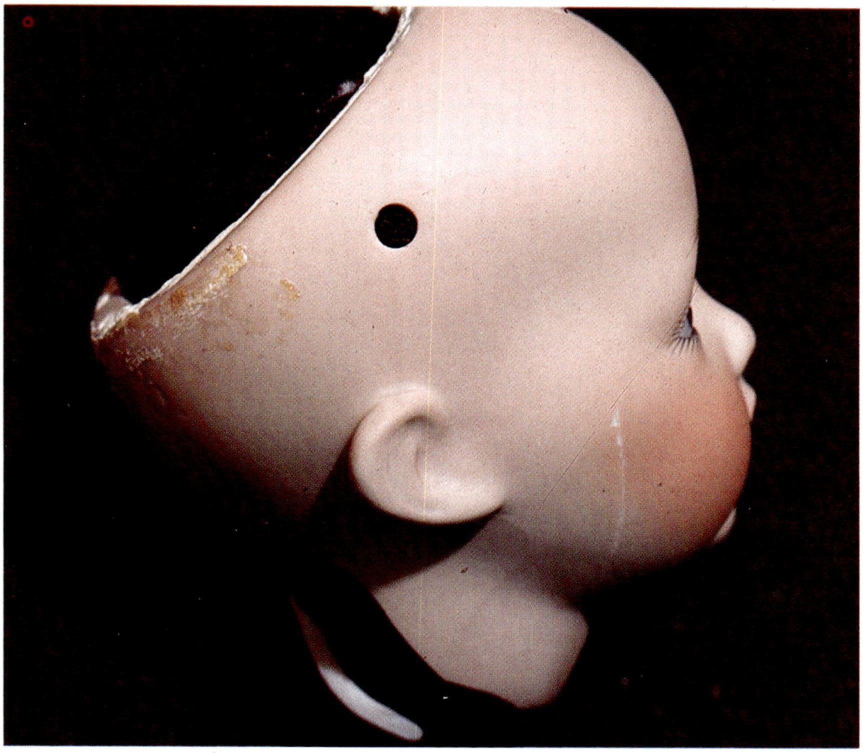

Schade, daß man das herausgebrochene Stück nicht aufbewahrt hat.

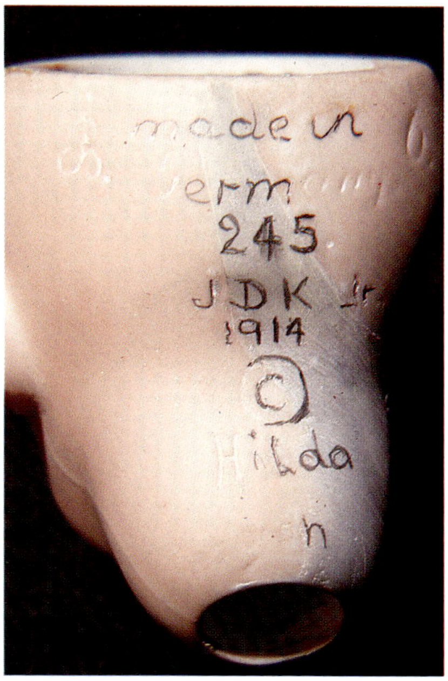

Die vorhandene Signatur haben wir mit dem Bleistift ergänzt. Dann wurde sie eingraviert und mit Farbe im Hautton übersprüht.

Unsere Hilda-Babypuppe sitzt in einem französischen Babystuhl und hält ihr originales Glasfläschchen. Die Kleider sind ebenfalls original, mit Ausnahme des Hutes, für den ich schon seit Jahren die richtige Puppe gesucht habe.